LES SECRETS DE NOS PÈRES

[illegible]

[illegible]

LA

CRYPTOGRAPHIE

L'ART D'ECRIRE EN CHIFFRES

PARIS

[illegible]

[illegible]

[illegible]

LES SECRETS DE NOS PÈRES

LA

CRYPTOGRAPHIE

OU

L'ART D'ÉCRIRE EN CHIFFRES.

PARIS. — IMP. SIMON RAÇON ET COMP., RUE D'ERFURTH, 1.

LES SECRETS DE NOS PÈRES

RECUEILLIS

PAR LE BIBLIOPHILE JACOB

LA

CRYPTOGRAPHIE

OU

L'ART D'ÉCRIRE EN CHIFFRES

PARIS

ADOLPHE DELAHAYS, LIBRAIRE-ÉDITEUR

4-6, RUE VOLTAIRE, 4-6

1858

PARIS. — IMP. SIMON RAÇON ET COMP., RUE D'ERFURTH, 1.

LES SECRETS DE NOS PÈRES

RECUEILLIS

PAR LE BIBLIOPHILE JACOB pseud.

LA

CRYPTOGRAPHIE

OU

L'ART D'ÉCRIRE EN CHIFFRES

Lacroix, P.

PARIS

ADOLPHE DELAHAYS, LIBRAIRE-ÉDITEUR

4-6, RUE VOLTAIRE, 4-6

1858

Cignard fils

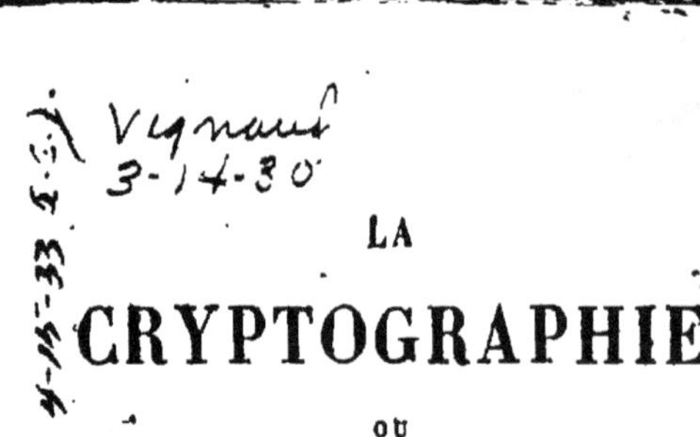

LA CRYPTOGRAPHIE

OU

L'ART D'ÉCRIRE EN CHIFFRES.

CHAPITRE PREMIER.

DÉFINITION DE LA CRYPTOGRAPHIE ; SON ORIGINE ; NOTIONS HISTORIQUES.

Nous allons essayer de faire connaître quelques-uns des procédés mis en usage afin de permettre à des personnes séparées par des distances souvent considérables, de communiquer entre elles, en recouvrant ces communications du voile du mystère.

Ces procédés forment une véritable science qui a reçu, comme tant d'autres, un nom tiré du grec.

La Cryptographie ou Stéganographie est l'art d'écrire de façon à dérober à autrui la connaissance de ce qu'on a tracé.

On peut s'efforcer de dissimuler l'existence de l'écrit. On emploie, en ce but, les encres de sympathie dont nous parlerons plus tard, ou bien l'on tâche de cacher soigneusement le papier auquel on a confié son secret.

Mais plus habituellement on a recours aux divers procédés en usage afin de jeter, sur une dépêche qui peut tomber dans des mains indiscrètes, un voile qu'on fait de son mieux pour rendre impénétrable.

Pour atteindre ce but :

On abrège les mots d'après un système convenu (c'est la Brachygraphie ou Sténographie).

On fait usage des signes dont le sens est arrêté entre les correspondants : des lettres, des chiffres, des signes employés dans les mathématiques et dans la chimie, des points, des lignes, des figures quelconques ou de fantaisie, des couleurs, etc., sont d'une grande ressource en semblable occasion.

On emploie des mots et des phrases, auxquels on convient de donner un sens tout autre que celui qu'on y attache dans le cours ordinaire des choses.

Il y a toujours eu, il y aura toujours des secrets, qu'il faudra bien confier au papier afin de les transmettre à des correspondants dont on est séparé par des distances plus ou moins grandes ; mais on est bien aise de dérober aux investigations d'une curiosité indiscrète ces communications mystérieuses.

Il a donc fallu recourir à des moyens destinés à voiler le sens des avis qu'on voulait transmettre. De là l'origine de l'écriture en chiffres.

De même que tous les arts, celui-ci débute par des essais naïfs et incomplets. Les écrivains de l'antiquité en ont conservé le souvenir.

§ Ier.

De la Cryptographie chez les peuples de l'antiquité.

Hérodote nous fait connaître divers procédés un peu primitifs auxquels eurent recours, faute de mieux, certains personnages plus ou moins célèbres dans les annales de ces temps reculés.

C'est d'abord un esclave dont on rase la tête, et sur la peau nue de son crâne on trace quelques mots laconiques, mais d'un grand sens. On laisse aux cheveux le temps de repousser, et on expédie cette épître d'un nouveau genre à l'ami qu'il s'agit d'instruire de choses importantes. Les perruques n'avaient point été inventées à cette époque; elles auraient été d'une grande utilité en pareille circonstance. Il va sans dire qu'un pareil procédé n'est point susceptible d'une application fréquente.

Un seigneur de la Cour de Perse, ayant à transmettre à Cyrus un avis essentiel, s'avisa d'une invention qui ne rentre pas précisément dans l'écriture chiffrée, mais qu'il est bon de consigner ici; laissons parler Hérodote :

« Harpage voulut découvrir à Cyrus « son projet, mais, comme ce prince était « en Perse et que les chemins étaient gar- « dés, il ne put trouver, pour lui en faire « part, d'autre expédient que celui-ci : « S'étant fait apporter un lièvre, il ouvrit « le ventre de cet animal d'une manière « adroite et sans arracher le poil, et, dans « l'état où il était, il y mit une lettre où

« il avait écrit ce qu'il avait jugé à pro-
« pos. L'ayant ensuite recousu, il le remit
« à celui de ses domestiques en qui il
« avait le plus de confiance, et lui or-
« donna de le porter à Cyrus, et de lui
« dire, en le lui présentant, de l'ouvrir
« lui-même et sans témoins. »

§ II.

La scytale des Lacédémoniens.

Le gouvernement de Sparte transmettait ses ordres à ses généraux au moyen d'une espèce de *courroie*. Voici de quelle façon Plutarque raconte le fait dans la vie de Lysandre; nous faisons usage de la traduction naïve du vieil Amyot :

« Les éphores luy envoyèrent inconti-
« nent ce qu'ilz appellent la scytale
« (comme qui diroit la courroye), par la-
« quelle ilz luy mandèrent qu'il eust à
« s'en retourner aussitost comme il l'au-

« roit reçue. Cette scytale est une telle « chose : quand les éphores envoient à la « guerre un général ou un admiral, ilz « font accoustrer deux petits bâtons ronds « et les font entièrement égaler en gros- « seur et en grandeur ; desquelz deux « bastons ilz en retiennent l'un par devers « eulx et donnent l'autre à celuy qu'ilz « envoyent. Ilz appellent ces deux petits « bastons scytales, et, quand ilz veulent « faire secrètement entendre quelque « chose de conséquence à leurs capitaines, « ilz prennent un bandeau de parchemin « long et estroit comme une courroye, « qu'ilz entortillent à l'entour de leur « baston rond, sans laisser rien d'espace « vuide entre les bords du bandeau; puis « quand ilz sont ainsi bien joints, alors « ilz escrivent sur le parchemin ainsi en- « rollé ce qu'ils veulent, et, quand ilz ont « achevé d'escrire, ilz desveloppent le « parchemin et l'envoyent à leur capi-

« taine, lequel n'y sçauroit aultrement « rien lire ny cognoistre, parce que les « lettres n'ont point de suitte ny de liaison « continuée, mais sont escartées l'une çà, « l'autre là, jusqu'à ce que, prenant le petit « rouleau de bois qu'on luy a baillé à « son partement, il estend la courroye de « parchemin qu'il a reçue tout à l'entour, « tellement que le tour et le ply du par- « chemin venant à se retrouver en la « mesme couche qu'il avoit esté plié pre- « mièrement, les lettres aussi viennent à « se rencontrer en la suitte continuée qu'el- « les doivent estre. Ce petit rouleau de « parchemin s'appelle aussi bien scytale « comme le rouleau de bois, ne plus ne « moins que nous voyons ailleurs ordi- « nairement que la chose mesurée s'ap- « pelle du mesme nom que fait celle qui « mesure. »

Un poëte latin donne une application conforme à celle de Plutarque; transcrivons ici les cinq vers qui s'accordent avec le récit du biographe grec :

Vel Lacedemoniano scytalem imitare, libelli
Segmina Pergamei, tereti circumdata ligno
Perpetuo inscribens versu : qui deinde solutus
Non respondentes sparso dedit ordine formas :
Donec consimilis ligni replicetur in orbem.

Nous ferons remarquer, en passant, que la scytale ne devait pas être bien difficile à deviner. En effet, il était aisé de voir en tâtonnant un peu, quelle était la ligne qui devait se joindre pour le sens à la ligne d'en bas du papier; cette seconde ligne connue, tout le reste était aisé à trouver : en supposant que cette seconde ligne, suite immédiate de la première dans le sens, fût, par exemple, la cinquième, il n'y avait qu'à aller de là à la neuvième, à la treizième, à la dix-septième, et ainsi de suite jusqu'au bout, et l'on trouvait toute la première ligne du rouleau Ensuite on n'avait qu'à reprendre la seconde ligne d'en bas, puis la sixième, la dixième, la quatorzième, et ainsi de suite. Tout cela est aisé à voir, en considérant qu'une ligne écrite sur le rouleau devait être formée par des lignes partielles également distantes les unes des autres.

Un autre Lacédémonien, réfugié auprès du monarque de l'Asie, trouva dans son patriotisme les moyens de transmettre à Sparte un avis de la plus haute importance. C'est encore l'historien que nous avons déjà nommé qui va nous raconter ce fait. Laissons parler Hérodote :

« Xerxès s'étant déterminé à faire la « guerre aux Grecs, Démocrate, qui était « à Suse, et qui fut informé de ses des- « seins, voulut en faire part aux Lacédé- « moniens. Mais, comme les moyens lui « manquaient, parce qu'il était à craindre « qu'on ne le découvrît, il imagina cet « artifice. Il prit des tablettes doubles, en « ratissa la cire, et écrivit ensuite sur le

« bois de ces tablettes les projets du roi.
« Après cela, il couvrit de cire les lettres,
« afin que, ces tablettes n'étant point
« écrites, il ne pût arriver au porteur rien
« de fâcheux de la part de ceux qui gar-
« daient les passages. L'envoyé de Démo-
« crate les ayant rendues aux Lacédémo-
« niens, ils ne purent d'abord former
« aucune conjecture; mais Gorgo, femme
« de Léonidas, imagina, dit-on, ce que ce
« pouvait être et leur apprit qu'en enle-
« vant la cire ils trouveraient des carac-
« tères sur le bois. On suivit son conseil,
« et les caractères furent trouvés. Les
« Lacédémoniens lurent ces lettres et les
« envoyèrent ensuite au reste des Grecs. »

§ III.

Autres systèmes cryptographiques connus des anciens.

Blaise de Vigenère, dans son *Traité des chiffres*, livre dont nous aurons à parler en détail, mentionne quelques-uns des procédés qu'avaient imaginés les anciens et dont nous venons de fournir des exemples :

« Il y en a qui font une incision dans « une verge de saulx, estant en sève dessus « l'arbre encore, et la creusent, puis, y « ayant inséré les lettres, la laissent re-« prendre et reclorre, et coupent la verge. « C'est de l'invention de Théophraste, « non des plus spirituelles pour un si « subtil philosophe, joint que cela a be-« soin de temps, et si la cicatrice y de-« meure empreinte tousjours. Le mesme « se peut effectuer et encore plus com-« modément dans un baston de torche en « semblable bois de sapin creusé, puis « enduire la fente avec de la sciure fort « subtile et sassée, de la mesme estoffe « destrempée avec de la colle blanche : « de quoy il semble qu'usa Brutus en « allant à Delphes, comme le marque

« Tite-Live à la fin du premier livre. Et « en un autre endroit de la quatrième « Décade, Polycrate et Diognète enfer- « mèrent un brief de plomb dans une « tourte. Il y en a qui enferment leurs « lettres dans un caillou artificiel faict de « ceste sorte : On prend des cailloux de « rivière qu'on faict calciner et réduire en « poudre passée par un subtil tamis. « Puis on l'incorpore avec sa quarte par- « tie de résine fondue et une de poix, « meslant bien le tout avec un baston, et « estant cette composition encore chaulde « et par conséquent molle, enveloppant « la lettre dedans, façonnant le caillou « devant le feu à-tout les mains trem- « pées en eau tiède, de la sorte que bon « leur semble; cela faict, on le laisse sé- « cher. »

Les Romains empruntèrent à la Grèce toutes les connaissances qu'elle possédait, mais ils les perfectionnèrent. César employait pour sa correspondance secrète une méthode que nous aurons occasion de faire connaître plus tard, et qui aujourd'hui n'arrêterait pas longtemps le plus novice des déchiffreurs.

On a attribué à Tullius Tiron, affranchi de Cicéron, l'invention de la méthode d'écrire en notes tachygraphiques, et on leur a même donné le nom de *Notes tironiennes;* mais cet art était déjà connu des Grecs. Tiron a seulement le mérite très-réel d'avoir augmenté le nombre des signes et de les avoir distribués dans un meilleur ordre. Sa méthode, perfectionnée par Sénèque et d'autres, s'étendit dans tout l'empire. On s'en est servi pour les actes publics, en Allemagne, jusqu'à la fin du dixième siècle; la France y avait renoncé un peu plus tôt. C'est de là que les officiers publics chargés de la transcription des actes ont reçu le nom de notaires, qu'ils conservent encore. En cessant de faire usage des notes tironiennes, on en oublia la signification. Quelques savants ont entrepris à cet égard des travaux importants; citons surtout l'*Alphabetum tironianum* du bénédictin Dom Carpentier (*Paris*, 1747, in-fol.); on peut recourir également au *Nouveau Traité de diplomatique* de D. D. Tassin et Thuilier, ainsi qu'au *Dictionnaire diplomatique* de Dom de Vaines Un ouvrage de J. Gruter, *Tyronis ac Senecæ notæ* (1603, in-folio), présente plusieurs milliers de ces notes; chacune d elles exprime un mot différent; les traits, les lignes, les points dont elles se composent, devaient exposer à bien des méprises, à moins qu'on n'écrivît avec beaucoup de lenteur et d'attention, et nul doute que pareille écriture ne fût d'un emploi très-incommode.

Nous copions cinq notes tironiennes prises au hasard; elles sont un échantillon fidèle de cette méthode sténographique.

Clemens.
Mars.
Legitimus.
Imperator.
Patres conscripti.

Au neuvième siècle, Raban-Maur, archevêque de Mayence, a rapporté deux exemples d'un chiffre dont les Bénédictins font connaître la clef dans leur grand *Traité de diplomatique*. Dans le premier exemple, on supprime les voyelles et on les remplace par des signes convenus; l'*i* est désigné par un point, l'*a* par deux, l'*e* par trois, l'*o* par quatre, l'*u* par cinq, de telle sorte que, pour écrire :

Incipit versu sBonifaciia rchi. gloriosique martyris.

On mettra .

.Nc.p.t v⁝rs:·:s B::n.f:c.. :rch.gl::r.::s.q:·:
⁝m:rt r.s

Dans le second exemple, on substitue

à chaque voyelle la lettre suivante. Toutefois les consonnes *b*, *f*, *k*, *p*, *x*, qui, dans ce système, tiennent lieu de voyelles, conservent aussi leur valeur.

§ IV.

Le chiffre chez les modernes. Anecdotes.

Nous sommes peu disposé à ajouter foi à l'assertion d'un vieil historien, d'après lequel le fondateur plus ou moins fabuleux de la monarchie française aurait été versé dans les mystères de la Cryptographie.

« Pharamond, très-puissant roy des « François en Germanie, et quarante-troi« sième après Marcovir, lorsque par grande « puissance il marchoit sur les limites des « Gaules, afin que secrètement il escrivist « de ses affaires, adjousta pour ses secrets « des minuties pérégrines et estranges. »

Le moyen âge présente peu d'exemples de l'écriture en chiffres; mais, dès l'époque de la Renaissance, la nécessité de moyens occultes de communication se fait de plus en plus sentir au milieu des intrigues diplomatiques qui se croisent en tous sens. Divers auteurs composent sur pareil sujet de très-gros livres; des éditions multipliées attestent l'utilité de pareils écrits, et chacun s'efforce de découvrir les moyens de rendre impuissants tous les efforts des investigateurs.

Au dix-septième siècle, les monarques, les ministres, les ambassadeurs, font constamment, du chiffre, un usage qui n'a cessé de s'étendre et de se perfectionner jusqu'à nos jours.

Les dépêches chiffrées qui se sont amoncelées en quantité immense durant cette période n'ont point été, la chose va sans dire, livrées à la publicité; elles sont restées ensevelies dans les archives secrètes des chancelleries; on peut toutefois rencontrer, dans des recueils de documents éloignés de l'époque contemporaine, divers exemples de l'emploi de la Cryptographie, divulgués par la voie de l'impression.

La correspondance imprimée d'un érudit célèbre qui exerça d'importantes fonctions diplomatiques, H. Grotius, présente divers passages écrits en chiffres. Empruntons quelques lignes à une dépêche adressée au chancelier de Suède, Oxenstiern, dépêche qu'on lit dans l'édition d'Amsterdam (1687, in-folio) des *Epistolæ H. Grotii.*

« Is de quo scripseram 60, 37, 81, 73,
« nomen habens, 80, 60, 74, 20, 70, 6,
« 10, 72, 66, 81, 47, 31, 10, 33, 66,
« 14, 106, 10, 33, 31, 217, 246, ab Eu-
« sebio Vindiceque auditus.... Egit pluri-
« mum cum 79, 59, 76, 72, 13, 42. »

Henri IV faisait parfois usage d'un chiffre qui ne paraît pas avoir été fort compliqué; sa *Correspondance inédite avec Maurice le Savant, landgrave de Hesse*, publiée par M. de Rommel (Paris, 1840, 8°), en offre plusieurs exemples, citons quelques lignes :

« Je vous assure que je fais grand es-
« time de leur amitié 67, 69, 68, 62,
« 74, 74, 18, 63, 49, 14, 16, 49, 19,
« 31, 42, 15, 38 en est l'entremetteur.

« Je suis adverty que 53, 52, 21, 84,
« 49, 27, 53..... »

Quelques chiffres sont surmontés d'un trait ou de deux points; des lettres grecques et divers signes employés par les chimistes et les astronomes se mêlent aux chiffres. L'éditeur a reproduit le tout, sans chercher à découvrir ce que cachait un voile qu'il aurait dû s'efforcer de soulever.

Mentionnons, d'après la *Biographie universelle*, une anecdote qui se rattache à l'époque dont nous parlons :

A la fin du seizième siècle, les Espagnols voulurent établir des relations entre les membres épars de leur vaste monarchie, qui embrassait alors une grande partie de l'Italie, les Pays-Bas, les Philippines, et d'immenses contrées dans le Nouveau-Monde; car ils avaient le plus grand intérêt à ce que leurs communications ne pussent être découvertes : ils imaginèrent un chiffre qu'ils variaient de temps en temps, afin de déconcerter tous ceux qui avaient tenté de percer les mystères de leurs correspondances. Ce chiffre, composé de plus de cinquante signes, leur fut d'une grande utilité pendant les troubles de la Ligue et les guerres qui désolèrent alors l'Europe. Quelques-unes de ces dépêches ayant été interceptées, Henri IV les remit à un géomètre habile, Viete, en le chargeant d'en trouver la clef. Le mathématicien y réussit, et il parvint même à saisir le chiffre dans toutes ses variations. La France profita pendant deux ans de cette découverte. La Cour d'Espagne, déconcertée, accusa le gouvernement français d'avoir à ses ordres des sorciers et de recourir au diable afin d'obtenir la révélation des secrets cryptographiques. Elle demanda que Viete fût jugé comme un négromant : elle porta ses plaintes à Rome. Une prétention aussi ridicule n'excita que le rire ; le géomètre aurait pu cependant avoir des tracasseries sérieuses, s'il n'eût été, en cette affaire, soutenu par un puissant monarque; toute accusation de sorcellerie pouvait, en 1600, avoir des conséquences extrêmement graves.

L'histoire conserve le souvenir de diverses anecdotes dont l'emploi des chiffres a été la cause; nous allons en relater quelques-unes :

Dans le cours des longues négociations qui firent durer pendant tant d'années le Congrès de Westphalie, les plénipotentiaires de diverses puissances demandèrent à connaître les propositions que faisait l'Empereur d'Allemagne concernant certains points en litige; son ambassadeur,

Isaac Voltmar, s'excusa de ne pouvoir les communiquer, en alléguant qu'elles étaient écrites en chiffres et qu'il lui fallait trois semaines pour en avoir la clef. Cette réponse excita un mécontentement général, et l'envoyé du duc de Savoie s'écria : « N'avons-nous point parmi nous le nonce du Pape, et n'est-il pas certain que le Saint-Père a dans ses mains la clef qui lie et qui délie? (*clavem ligandi et solvendi*). Adressons-nous donc à lui, afin qu'il nous donne la clef qui est si nécessaire en ce moment. »

Une autre circonstance originale se montra au commencement du dix-huitième siècle :

L'électeur de Brandebourg, Frédéric III, avait formé le projet de s'élever au rang des têtes couronnées et de convertir en royaume son duché de Prusse. Il était presque impossible que ce projet pût s'effectuer sans l'assentiment de l'Empereur d'Allemagne, suzerain du Corps germanique. Des négociations furent donc ouvertes à Vienne : elles s'y traînèrent des années entières; des difficultés nombreuses s'opposaient à l'accomplissement des vœux de l'Électeur. Son ministre auprès de la cour d'Autriche, le baron de Bartholoti, se servait, pour sa correspondance, d'un chiffre dans lequel chaque lettre de l'alphabet était représentée par un nombre convenu; d'autres nombres exprimaient des noms de personnes ou de lieux.

Cette nomenclature comprenait, entre autres personnages, un jésuite, le père Wolf, qui avait accompagné à Berlin l'ambassadeur d'Autriche, en qualité de chapelain, et qui se livrait avec activité à des intrigues politiques.

Le nombre 24 signifiait l'Électeur, 110 l'Empereur, 116 le père Wolf.

Bartholoti écrivit, un jour, de Vienne, que, pour faire avancer l'affaire, il était indispensable que 24 (l'Électeur) adressât une lettre autographe à 110 (l'Empereur).

Le 0 de ce dernier nombre, étant tracé à la hâte, fut pris pour un 6, et l'on en conclut à Berlin qu'il fallait que l'Électeur écrivît de sa main au père Wolf.

Frédéric III n'hésita point, et, bien que cette démarche pût lui paraître étrange et qu'elle choquât son orgueil, il adressa de suite au père Wolf une longue épître écrite en entier de sa main et dans laquelle, expliquant, justifiant ses projets, il s'efforçait d'obtenir l'appui du bon père, auquel il prodiguait les compliments et les promesses.

Le jésuite fut aussi surpris que flatté de recevoir une pareille communication : elle le décida à ne rien épargner pour faire réussir les vues du prince qui venait ainsi se mettre sous sa protection; il s'adressa au confesseur de l'Empereur; des lettres allèrent à Rome trouver le général de la puissante société; bientôt tous les obstacles qui s'étaient jusqu'alors accumulés s'aplanirent, et, grâce à cette méprise fortuite dans une dépêche chiffrée, grâce à ce 0 qui parut transformé en un 6, l'Électeur obtint de la cour de Vienne ce que peut-être, sans cet incident, elle lui aurait toujours refusé. Autre chapitre à joindre à la piquante histoire des très-petites causes qui amènent de grands événements.

§ V.

Cartes mystérieuses de M. de Vergennes.

Sous le règne de Louis XV et de Louis XVI, l'écriture chiffrée devint de plus en plus l'indispensable auxiliaire de la diplomatie; les divers cabinets de l'Europe, engagés dans une interminable complication d'intrigues politiques, s'efforçaient mutuellement de se dérober leurs secrets. On enlevait les courriers, on corrompait à force d'or les employés des chancelleries. Afin de résister aux tentatives d'une curiosité aussi irritée, il fallut inventer des raffinements cryptographiques de plus en plus mystérieux.

Le comte de Vergennes, ministre des affaires étrangères sous Louis XVI, faisait usage, dans ses relations avec les agents diplomatiques de la France, de procédés occultes, dont un Allemand, J. F. Opitz, avait, dit-on, été l'inventeur. Ce chiffre était employé dans les lettres de recommandation ou dans les passeports qu'on donnait aux étrangers qui se rendaient en France; il servait à fournir, sur eux et à leur insu, des renseignements dont ils étaient eux-mêmes porteurs sans le soupçonner le moins du monde. La patrie, l'âge, la religion, la profession, le caractère, les vertus et les vices, le signalement du personnage qu'on désignait ainsi au ministre, les motifs de son voyage, tous ces détails et bien d'autres encore se trouvaient indiqués sur une simple carte où rien ne sollicitait l'attention des profanes qui n'étaient point initiés à de pareils mystères.

Entrons à ce sujet dans quelques particularités :

La couleur de la carte désignait la patrie de l'étranger. Le blanc était affecté au Portugal, le rouge à l'Espagne, le jaune à l'Angleterre, le vert à la Hollande, le blanc et le jaune à Venise, rouge et vert à la Suisse, rouge et blanc aux États de l'Église, vert et jaune à la Suède, vert et rouge à la Turquie, vert et blanc à la Russie, etc.

L'âge du porteur était exprimé par la forme de la carte. Si elle était circulaire, c'était l'indice qu'il avait moins de vingt-cinq ans; de 25 à 30, ovale; de 30 à 45, la carte était octogone; de 45 à 50, elle était hexagone; de 55 à 60, c'était un carré; au-dessus de 60, un carré long.

Deux lignes placées au-dessous du nom du porteur de la carte indiquaient sa taille. S'il était grand et maigre, les lignes étaient ondoyantes et parallèles; grand et gros, elles se rapprochaient l'une de l'autre; une stature moyenne et petite se trouvait signalée par des lignes droites ou courbes placées à des distances plus ou moins éloignées.

L'expression de la physionomie était indiquée au moyen de la figure d'une fleur placée dans la bordure qui entourait la carte. Une rose désignait une physionomie ouverte et aimable, une tulipe exprimait un air pensif et distingué.

Un ruban était entortillé autour de la bordure, et, selon qu'il descendait plus ou moins bas, il faisait savoir si le recommandé était célibataire, marié ou veuf.

Des points placés également dans la bordure révélaient la position de fortune.

La religion du personnage, qu'on signalait de la sorte, était indiquée au moyen d'un signe de ponctuation placé après son nom. S'il était catholique, on mettait un point; luthérien, un point et une virgule; calviniste, une virgule; juif, un trait d'union. S'il passait pour athée, on ne mettait aucun signe.

Des points placés au-dessus, au-dessous ou à côté de quelques-mots, de petits signes mis dans les angles de la carte, dans le genre de ceux-ci :

et qui pouvaient passer pour de simples ornements sans conséquence, indiquaient les qualités, les défauts, l'instruction du porteur de la carte. En y jetant un coup d'œil, le ministre apprenait en une minute, aussi bien qu'il l'eût fait en lisant une page entière de raisonnements, si l'individu auquel on avait remis pareil billet, était joueur, vicieux ou duelliste;

s'il venait en France pour se marier, pour recueillir une succession ou pour se livrer à l'étude; s'il était médecin, journaliste, homme de lettres; s'il méritait d'être soumis à une surveillance, ou bien s'il ne devait inspirer aucun soupçon. Rien ne pouvait faire soupçonner qu'il y eût autant de secrets dans un simple billet de l'aspect le plus inoffensif, et conçu, par exemple en ces termes :

ALPHONSE D'ANGEHA
recommandé à monsieur
le comte de Vergennes par le marquis
de Puysegur, ambassadeur de France
à la cour de Lisbonne.

Mais les lignes placées au-dessous du nom du porteur, les signes de ponctuation, les ornements très-peu multipliés jetés dans les coins de la carte, étaient gros de révélations que nul n'aurait soupçonnées.

Tout ceci est d'ailleurs raconté beaucoup

plus longuement que nous ne devons le faire, dans une brochure devenue fort rare et imprimée en langue allemande vers 1793. Elle a pour titre : « Correspondance de la police secrète du comte de Vergennes, ministre de l'infortuné roi Louis XVI. »

§ VI.

La Cryptographie au dix-neuvième siècle.

Les grands événements dont l'Europe a été le théâtre depuis une soixantaine d'années, ont fait sentir de plus en plus l'utilité de l'écriture chiffrée.

Dans le cours des opérations militaires, les ordres, les dépêches, sont très-fréquemment interceptés ; il peut en résulter les conséquences les plus graves. L'ennemi apprend de la sorte des choses qu'il est d'un intérêt immense de lui tenir cachées : si le sens des lettres dont il s'empare est caché sous un mystère qu'il ne peut percer, il n'a plus entre les mains qu'un chiffon de papier qui ne lui est d'aucun secours.

Quelques lettres de l'empereur Napoléon, écrites dans le cours de ses campagnes et publiées dans divers ouvrages historiques, montrent que deux chiffres, le grand et le petit, étaient en usage parmi les généraux français pour correspondre entre eux et avec l'état-major général. D'un autre côté, il est certain que beaucoup de dépêches importantes n'ont jamais été chiffrées. L'*Histoire de la guerre de la Péninsule*, par le colonel anglais Napiér, renferme un grand nombre de lettres écrites par le roi Joseph, par des maréchaux, par des ambassadeurs, par le ministre de la guerre à Paris; ces lettres, remplies de détails importants, furent interceptées par les guerillas et saisies avec les voitures de la cour lors de la bataille de Vitoria. Si on avait eu la précaution de les mettre à l'abri sous un procédé cryptographique habilement choisi, elles n'auraient jamais figuré à la suite des récits d'un adversaire des armées françaises.

Nul doute qu'à l'heure actuelle les diplomates n'aient encore, pour leurs communications les plus intimes et les plus secrètes, recours à l'art du chiffre. Nous ne saurions dire quels sont maintenant les systèmes qui obtiennent la préférence, mais nous pensons qu'ils ne s'imitent pas de ceux dont nos pères faisaient usage et qu'il nous reste à faire connaître. Il est difficile d'imaginer en ce genre quelque chose de mieux que ce qui a déjà été découvert.

Nous avons à passer en revue les écrivains qui ont successivement exposé les mystères de la Cryptographie.

CHAPITRE II.

AUTEURS QUI ONT ÉCRIT SUR LA CRYPTOGRAPHIE.

§ 1er.

L'abbé Trithème.

Le premier auteur qui ait traité *ex professo* et en détail l'art d'écrire en chiffres fut le célèbre Trithème, mort en 1516, abbé de Saint-Jacques à Wurtzbourg. Polygraphe actif, historien, biographe, auteur d'un grand nombre de livres ascétiques, il ne nous appartient que comme ayant mis au jour deux ouvrages, l'un sur la *Polygraphie*, l'autre sur la *Stéganographie* (*Steganographia*, *hoc est, ars per occultam scripturam animi sui voluntatem absentibus aperiendi certa*). La Polygraphie fut publiée pour la première fois à Oppenheim, en 1518, deux ans après la mort de l'auteur; elle a souvent été réimprimée durant le siècle qui suivit sa mise au jour. Il en existe une traduction française par Gabriel de Collange, sous le titre de *Polygraphie et universelle escriture cabalistique, avec la clavicule*, etc. (*Paris*, 1541. 4°). Ce mot de *Polygraphie* ne doit point s'appliquer, comme d'usage, à des mélanges d'écrits de différents genres ou sur divers sujets : Trithème veut seulement enseigner à écrire un même mot, de plusieurs manières. Il donne des alphabets nouveaux, composés, soit de lettres étrangères les unes aux autres, soit de caractères de convention. Quant à la *Stéganographie*, les expressions bizarres qui y abondent firent prendre ce traité pour un livre de magie, et telles furent les clameurs de quelques individus faciles à épouvanter, que le comte palatin Frédéric II, surnommé pourtant le Sage, livra aux flammes le manuscrit autographe qui se conservait dans sa bibliothèque.

Il est impossible de ne pas convenir que, surchargés de détails inutiles, accablés d'une foule de réflexions mystiques, de considérations allégoriques, et se traînant sous le poids d'une immense érudition cabalistique qui étale hors de tout propos les rêveries creuses et les imaginations folles des vieux rabbins[1], les ouvra-

[1] Parmi les nombreux écrits qui montrent à quel point Trithème était infatué de pareilles idées, il faut citer sa *Chronologia mystica de septem secundeis sive intelligentiis orbes post Deum moventibus*. Une ancienne doctrine platonique ou cabalistique plaçait dans chaque sphère céleste une intelligence chargée de la gouverner. Trithème s'efforce de rattacher, à ce système, des notions historiques et d'en établir la réalité. Un pareil livre n'eut pas moins de

ges de Trithème sont des lectures les plus indigestes et les plus pénibles auxquelles on puisse se condamner. Il faut du courage et de l'attention, pour démêler au milieu de toutes ces digressions et de toutes ces rêveries les procédés de Cryptographie qu'indique l'abbé de Saint-Jacques.

Essayons de donner une analyse succincte des quatre livres dont se compose la *Stéganographie*.

Le premier livre comprend trois cent soixante-seize répétitions de l'alphabet formé de vingt-quatre lettres ; à chaque lettre correspond un mot de la langue ; le tout forme un total de neuf mille vingt-quatre mots. Afin de faire bien comprendre ce système, il convient de transcrire

six ou sept éditions. Il n'est pas surprenant que ces rapsodies inintelligibles aient trouvé de nombreux lecteurs, et il est extrêmement probable que le docte abbé ne se comprenait pas toujours lui-même, lorsqu'il développait ses étranges imaginations.

quelques-uns de ces alphabets ; nous reproduirons le premier, et nous y joindrons trois autres pris au hasard (les 25e, 216e et 319e).

a	Jésus,	l'amour.
b	le Dieu,	la dilection.
c	le Sauveur,	la charité.
d	le modérateur,	la révérence.
e	le pasteur.	l'obéissance.
f	l'auteur,	le service.
g	le rédempteur,	le zèle.
h	le prince,	la mémoire.
i	le fabricateur,	le souvenir.
k	le conservateur,	la souvenance.
l	le gouverneur,	la faveur.
m	l'empereur,	l'affection.
n	le roi,	la loi.
o	le recteur,	la foi.
p	le juge,	l'espérance.
q	l'illustrateur,	le commandement.
r	l'illuminateur,	la recordation.
s	le consolateur,	la parole.
t	le Seigneur,	la connaissance.
u	le dominateur,	le salut.
x	le créateur,	l'amitié.
y	le psalmateur,	la promesse.
z	le souverain,	l'ordonnance.
&	le protecteur,	la bienveillance.

a	fragiles,	Europe.
b	misérables,	Candie.
c	ingrats,	Hongrie.
d	ignorants,	Panonie.
e	iniques,	Pologne.
f	injustes,	Germanie.
g	malheureux,	Saxe.
h	malicieux,	Helvétie.
i	obstinés,	Suède.
k	perdus,	Italie.
l	pécheurs,	Romanie.
m	criminels,	Lombardie.
n	volontaires,	Espagne.
o	vains,	Andalousie.
p	mauvais,	Castille.
q	détestables,	Gaule.
r	abominables,	Bretagne.
s	damnables,	Normandie.
t	immondes,	Aquitaine.
u	indigents,	Guyenne.
x	pauvres,	Gascogne.
y	pusillanimes,	Auvergne.
z	pervers,	Bourgogne.
&	abjects,	France.

Vous pouvez, au moyen de ces alphabets, exprimer votre pensée d'une façon inintelligible pour les non initiés, et voici comment : Écrivez d'abord sur un morceau de papier, que vous détruirez ensuite, ce que vous voulez faire savoir, et traduisez, en posant pour la première lettre le mot qui lui correspond dans le *premier* alphabet ; pour la seconde lettre, cherchez dans le second alphabet le mot à côté duquel elle est placée ; ainsi de suite. On a de la sorte une suite de mots qui ne présente qu'une série de non-sens, mais, si notre correspondant est muni (comme il doit l'être) de la copie exacte des alphabets dont vous avez fait usage, il n'aura nulle peine à découvrir le sens qui se cache sous cette enfilade de mots, étonnés de s'y trouver placés dans une série bizarre.

Trithème rend ceci fort clair au moyen d'un exemple ; nous allons le reproduire exactement : Un méchant vous demande une lettre d'introduction auprès d'un de ses amis avec lequel il veut se lier. Vous avez des motifs pour ne pas repousser cette prière ; d'un autre côté, vous voulez transmettre des renseignements exacts sur votre recommandé. Vous le chargez alors de remettre à celui qu'il va trouver, un écrit qui présente les phrases suivantes :

« Le Roi universel exornant les corps « manifeste aux languissants sûreté im- « mortelle avec ses sanctifiés en béatitude « Amen. La charité incompréhensible « évangéliquement dénoncée aux hommes, « reluctante d'exhortation, réduit les in- « justes bannis aux choses profanes, « faisant de vilipender la recordation du « Rédempteur des cieux et aussi la compa- « gnie de la volupté ineffable que pour- « suivre. Parquoy, ô immondes, sou- « tenez pureté et serez recueillis aux rè- « gnes des déifiés et là perpétuellement « prédestinés. Abolissez donc les dissimu- « lations de cette charnalité, puisqu'estes « heureusement compris aux exaltations « du modérateur tout voyant. »

Cherchez à quelle lettre du premier

alphabet correspond le premier mot de cette oraison *polygraphique*, et vous trouvez la lettre *n* à côte du mot *le roi*. Passant au second alphabet, vous verrez que le mot *universel* signifie *e*. Au troisième alphabet, vous remarquerez la lettre *v* à côté du mot *exornant*. Au quatrième alphabet vous noterez la lettre *o* comme étant en regard de *les corps* : et le cinquième montrera un *v* dans la même ligne que le mot *manifeste*. En continuant de la sorte, vous trouverez que la phrase ci-dessus se traduit exactement par :

« Ne vous servez de ce porteur, car il est menteur et larron. »

Trithème explique qu'avec ce système on peut s'exprimer très-facilement dans quelque langue que ce soit, il en fournit des exemples pour l'italien et le latin ; la phrase suivante :

« Imaginez, terreins immondes, très-« vite se ruinent terriennes, ardemment

« fraudes avez; glace faillirez, présu-
« merez, malheureux, etc.

Signifie tout simplement : *Te moneo, amice, ne in hoc negotio immisceas.*

L'auteur fait remarquer :

Qu'il ne faut jamais « qu'en aucun
« ordre et rang alphabétique une diction
« soit doublée, répétée, réitérée, ni mise
« en écrit par deux fois. »

Qu'il ne faut pas qu'il y en ait d'oubliées ni d'omises.

On ne doit prendre qu'un seul mot dans chaque alphabet, et il est essentiel de ne pas laisser passer un seul alphabet sans y prendre une expression.

Les mots qu'on traduit en langage polygraphique doivent être écrits tout au long, sans abréviation, distinctement et dûment séparés.

Il va sans dire que l'individu avec lequel vous correspondez de la sorte doit posséder un recueil d'alphabets exactement et de tout point semblable à celui dont vous faites usage. Chacun peut composer en ce genre un livre analogue à celui de Trithème, et il est bon que les rois et princes en possèdent un certain nombre, afin de s'entendre avec leurs ambassadeurs et leurs généraux, d'une manière qui ne soit pas uniforme.

On peut aussi convenir qu'on changera ou transportera l'ordre des mots contenus dans chaque alphabet, et ces transpositions, qu'il y a moyen de varier à l'infini, augmentent beaucoup la difficulté qu'offre le déchiffrement d'une lettre écrite selon la méthode polygraphique.

Il serait possible qu'on trouvât des inconvénients à recourir, soit à la langue française, soit à tout autre idiome, pour la formation des alphabets. Trithème a prévu cette difficulté ; il s'est efforcé de la résoudre, en composant des alphabets qui offrent des mots qui, n'appartenant à aucun dialecte, peuvent servir de langue universelle. C'est dans un jargon cabalistique ayant avec l'hébreu un certain air de famille, qu'il est allé puiser ses matériaux. Un exemple devient nécessaire.

Cabalit mossu abru massu basin sophus strabil caffulun, etc.

Un travail analogue à celui que nous avons déjà indiqué fera connaître que « ces mots pérégrins, » ce langage barbare et étrange signifie :

« Ne venez en cour, car le roi est fort offensé contre vous. »

Le troisième livre de la *Polygraphie* est consacré à des séries d'alphabets de mots cabalistiques, mais il y a ici un raffinement : la seconde lettre de chaque mot doit être extraite et écrite à la suite l'une de l'autre ; ces lettres réunies donnent le sens qu'on veut couvrir d'un voile.

Anna mesar dvain rosas dumera asion afang lisamar neparo uzafun amar achiel benadas epalam ronis orrifer otrimech mesarym lucyphus arosan.

Un travail dans le genre de celui dont nous avons donné l'idée, montrera que ceci veut dire :

« Ne vous fiez à ce porteur. »

Il va sans dire qu'on peut convenir que la lettre significative sera la troisième, la quatrième, n'importe enfin laquelle de chaque mot. L'abbé de Saint-Jacques convient, d'ailleurs, que ce procédé n'est pas trop sûr et secret, « car tout homme d'es-« prit et de savoir, par cas fortuits, tant « par sa curiosité que par son labeur et in-« dustrie, pourroit trouver le secret et oc-« culte mystère caché sous cette écriture. »

Le quatrième livre expose la méthode bien connue de la transposition des lettres alphabétiques ; « on peut faire et composer autant d'alphabets différents et dissemblables, qu'il y a d'étoiles au ciel. »

Les vingt-quatre lettres répétées de manière à former un carré de la façon suivante (nous nous bornons à en donner l'esquisse) :

```
A B C D E F G. . . . . . . . . Y Z
B c d e f g h. . . . . . . . . 6 A
C d e f g h i. . . . . . . . . . B
D e. . . . . . . . . . . . . . . C
E f.. . . . . . . . . . . . . . G
F g. . . . . . . . . . . . . . . :
G h  . . . . . . . . . . . . . . :
. . . . . . . . . . . . . . . . :
: . . . . . . . . . . . . . . . :
: . . . . . . . . . . . . . . . :
Y. . . . . . . . . . . . . . . . .
Z A B C D. . . . . . . . . . . X Y
```

peuvent former un grand nombre d'alphabets ; on peut choisir celui qu'on veut, et, une fois qu'on s'est mis d'accord, en faire usage pour la correspondance secrète.

Trithème passe ensuite à un alphabet numéral, « qui ne sera trouvé moins sûr et secret qu'il est nouveau et moderne. »

a	a	1	g	f	7	n	ie	13	t	ih	19
b	b	2	h	g	8	o	id	14	u	k	20
c	c	3	i	h	9	p	ie	15	x	ka	21
d	d	4	k	i	10	q	i[illegible]	16	y	kb	22
e	e	5	l	ia	11	r	if	17	z	kc	23
f	[illegible]	6	m	ib	12	t	ig	18	&	kd	24

Avec ce système, les mots *traître* et *méchant* s'énoncent sous la forme suivante : ih. if. a. h. ig. ih. if. e. kd. ib. e. ig.c. ic. a. i. ih.

Cette façon de cacher sa pensée est fort difficile à pénétrer; car, suivant la remarque de l'auteur, « tous ceux qui verront l'écriture faicte en ceste sorte et par cest alphabet, penseront et croyront que ce sera transposition de lettres et travailleront pour néant à la supputation et recherche d'icelles. »

Il va sans dire que Trithème n'oublie pas un alphabet formé des lettres ordinaires distribuées « par ordre confus, irrégulier et sans ordre ni règle. » Il est aisé d'en composer une foule de ce genre. En voici un exemple :

a	*o*	g	*t*	n	*c*	t	*e*
b	*p*	h	*b*	o	*u*	u	*k*
c	*q*	i	*u*	p	*h*	x	*n*
d	*r*	k	*&*	q	*y*	y	*m*
e	*i*	l	*x*	r	*d*	z	*l*
f	*s*	m	*z*	s	*g*	&	*ſ*

La lettre placée dans la seconde colonne doit surtout être substituée à celle qui se trouve dans la première et qui entre dans l'avis à chiffrer ; vous écrirez :

Ildicg todri iki xiusizm ci .....

Si vous voulez dire :

« Prends garde que l'ennemy ne... » ¡

C'est d'un procédé de ce genre qu'usait César pour correspondre avec Cicéron et autres personnages de l'époque, selon le témoignage de Suétone, procédé que l'abbé Trithème expose en ces termes :

« Pour l'intelligence de ce secret, il fal-
« loit changer et prendre la quatrième let-
« tre de l'alphabet, qui est D, pour la pre-
« mière lettre, qui est A; E, pour B; F, pour
« C, et ainsi conséquemment transposer et
« changer lesdites lettres alphabétiques. »

§ II.

J. B. Porta.

La diplomatie italienne avait, au seizième siècle, grand besoin d'invoquer les ressources de la Cryptographie, afin de couvrir d'un voile impénétrable des secrets souvent terribles et les plus sinistres combinaisons. Le Conseil des Dix devait tenir à ce que ces dépêches fussent constamment lettre close, dans toute la rigueur du mot ; les Borgia, les Visconti, les Farnèse, avaient fréquemment à transmettre des communications qu'il fallait soustraire à tous les yeux. L'art de l'écriture chiffrée devint une étude des plus importantes à Milan, à Florence, à Rome. Un Napolitain, dont l'intelligence chercheuse et l'active curiosité s'exerçaient sur toutes sortes de sujets[1], J. B. Porta, réunit et discuta, en s'efforçant de les perfectionner, les diverses méthodes cryptographiques connues alors au delà des Alpes.

L'esprit net et pratique de cet écrivain le préserva complétement des aberrations tout à fait étrangères à pareil sujet, auxquelles Trithème s'était abandonné; il

[1] L'agriculture, l'optique, la mécanique, la mnémonique, la météréologie, la physique, furent tour à tour l'objet des méditations de Porta. Il fut du nombre de ces hommes hardis, conquérants, qui ne peuvent échapper à l'influence des préjugés de leur époque, mais qui découvrent ou pressentent de hautes vérités.

Son traité *de la Physiognomonie humaine*, 1586, a fourni beaucoup d'idées à Lavater. Son livre *de la Magie humaine*, très-souvent réimprimé au seizième siècle, renferme, parmi beaucoup de faits puérils compilés avec peu de jugement, une foule d'observations importantes sur les miroirs, la lumière, la statique, etc. Les divers ouvrages de cet écrivain remarquable sont analysés avec étendue dans la *Notice historique* de H. G. Duchesne, *sur la vie et les travaux de Porta* Paris, 1801, 8°, 383 pages.

s'efforça d'être utile, mais il pécha par excès d'imagination. A force de vouloir multiplier les procédés d'écriture secrète, il prit la peine d'en montrer et d'en décrire un grand nombre qui seraient d'un usage très-incommode et dont il est bien certain que jamais personne n'a eu l'idée de faire usage.

L'ouvrage dans lequel Porta a développé ses idées, est intitulé :

De furtivis litterarum notis, vulgo de ziferis. On en compte des éditions assez nombreuses ; nous signalerons celles de Naples, 1563, 4°, et 1602, f°; de Montbeillard, 1592, 8° ; de Strasbourg, 1606, 8°, etc. Cet écrit est divisé en trois livres.

Le premier, après avoir consacré quelques pages aux hiéroglyphes et à la sténographie en usage parmi les anciens Romains, passe en revue les diverses manières de se faire comprendre en dérobant toutefois sa pensée au vulgaire ; le langage allégorique, métaphorique ou énigmatique, les mots amphibologiques ou entrelacés, coupés ou renversés, les syllabes insignifiantes ajoutées dans le discours, sont utiles en pareille circonstance.

On peut aussi communiquer à distance, sans se parler, et par le simple son, qui, répété, indique le rang que tient dans l'alphabet chaque lettre des mots qu'on veut porter à une oreille amie ; deux corps frappés l'un contre l'autre, des coups donnés sur une muraille d'après une manière convenue, servent également d'interprète.

Les signes muets, tels que les gestes, l'emploi des emblèmes, celui des signaux au moyen des flambeaux, occupent tour à tour Porta.

Le douzième et dernier chapitre de son premier livre roule sur une manière ancienne de désigner les nombres par les doigts, d'après Bède. On n'ignorait point, dans l'antiquité le moyen de converser secrètement au moyen des doigts, soit en montrant un nombre de doigts pareil au rang numérique que les lettres qu'on veut désigner tient dans l'alphabet, soit en indiquant du doigt celles des parties du corps dont la première lettre indique la lettre qu'il s'agit d'exprimer.

Notre auteur arrive à la bandelette ou scytale lacédémonienne, et il juge avec raison que ce procédé était facile à découvrir ; il signale un moyen très-peu usité, l'emploi du fil, qui, après avoir reçu l'écriture, peut être roulé en peloton ou être employé à coudre les bords d'un vêtement. Il observe qu'on peut écrire sur la tranche d'un livre obliquement inclinée ou sur un jeu de cartes disposé en biseau ou sur les plumes des ailes déployées d'un pigeon ou d'un autre oiseau à plumage blanc.

Il aborde enfin plus nettement la Cryptographie proprement dite. Ce qu'il ne dit point, peut s'analyser facilement.

Les diverses manières de désigner l'écriture peuvent se réduire à trois : la transposition des lettres, qui comprend le renversement des mots, le changement des figures des lettres, et le changement de valeur des lettres.

La transposition des lettres dans un avis que l'on veut donner, peut s'effectuer d'une foule de façons différentes; la première de toutes est aussi la plus simple : elle consiste à écrire sur deux lignes, en mettant alternativement la 1re lettre sur la 1re ligne ; la 2e lettre sur la 2e ligne; la 3e sur la 1re, et la 4e sur la 2e, et ainsi de suite. La difficulté augmente si l'on écrit sur quatre lignes : la 1re lettre sur la 1re ligne ; la 2e sur la 4e ; la 3e au bout de la 1re, la 1re au bout de la 4e; la 5e sur la 2e ligne ; la 6e sur la 3e ; la 7e au bout de la 2e; la 8e au bout de la 3e, en suivant ainsi le même ordre pour le reste.

Veut-on écrire d'une manière encore plus compliquée? On transporte toutes les lettres de l'avis qu'on veut donner, sur des cadres de diverses formes, soit carrés, soit triangulaires, soit parallélipipèdes, soit sinueux, soit en losange, soit en quinconce, soit en demi-cercle, tous divisés par des rayons qui forment autant de lignes perpendiculaires sur des lignes droites ou courbes; et, quand l'avis a été écrit de manière à imiter symétriquement la figure géométrique convenue, on produit la transposition des lettres en prenant les rayons de lettres, de bas en haut et de haut en bas, de droite à gauche ou de gauche à droite, de manière que ces lettres, ainsi rassemblées, ne présentent aucun sens.

Vous convient-il d'avoir recours à une autre manière de transposer les lettres, plus indéchiffrable encore? Transcrivez à part ce que vous voulez mander secrètement; puis écrivez en interligne, les lettres au-dessous des lettres, une devise quelconque convenue ; celle-ci, par exemple : *L'amour est un malin enfant*, devise, qu'il faut recommencer une fois, deux fois, trois fois, jusqu'à ce que les interlignes soient entièrement remplis. Ensuite on a recopié sa missive secrète, et, au lieu de transcrire par interligne la devise convenue, on met au-dessous de chaque lettre de la missive le chiffre qui désigne le rang que chaque lettre de cette devise tient dans l'alphabet. Ainsi, au-dessous de la première lettre de la missive, au lieu d'une *l* on écrit 10; sous la seconde, au lieu d'un *a*, on écrit 1; sous la 3e, au lieu d'un *m*, on pose 11. Ces deux opérations faites, on prépare de la manière suivante la missive qui doit être adressée : chaque ligne est tracée par des points, entre lesquels est un intervalle suffisant pour y poser les lettres dans le rang que les chiffres de la devise indiqueront.

On part toujours de la dernière lettre posée, pour compter le nombre des points à passer, avant d'arriver à l'intervalle où doit être posée la lettre suivante de la missive; et, quand on est parvenu en comptant jusqu'au dernier point, on recommence à compter par les premiers points, jusqu'à ce qu'enfin toutes les lettres de la missive soient placées dans leur rang, de sorte que la devise sert, comme l'on voit, de clef pour connaître de quelle manière on doit trouver, dans cette suite de lettres transposées, celles qui forment un sens pour les remettre à leur place.

Porta s'occupe ensuite de la façon de découvrir et d'interpréter les lettres transposées; il ne s'agit que d'essayer de rassembler les 1re, 3e, 5e, 7e, 9e lettres, ou de 11 en 11, ou autrement, jusqu'à ce qu'on trouve un mot qui forme un sens; lorsqu'on en aura trouvé un, il deviendra plus facile d'en trouver un autre, en observant l'ordre que tient chaque lettre du mot trouvé. On comprend qu'à cet égard il n'est pas possible de donner aucune règle précise ; la variété arbitraire des combinaisons s'oppose à toute règle.

Notre auteur ne saurait oublier la substitution de nouveaux caractères de l'alphabet, de manière que les lettres ne ressemblent à aucune de celles connues. Pour rendre l'écriture plus indéchiffrable, on peut, entre ces caractères, en insérer d'autres qui n'ont aucune signification : on les place, soit au commencement, soit au milieu, soit à la fin des mots, pour mieux tromper les curieux. Il est certaines lettres qui peuvent être remplacées par d'autres, *q* par *cuu; x* par *cs; z* par *ss* ; *y* par *i*. On peut encore éviter les mots où se trouvent les lettres *h, b, d, p, g, f, u*. Il est à propos de ne pas se conformer strictement à l'orthographe. On peut aussi changer une lettre dans un mot, un *o* pour un *i*, un *e* pour *c*; un *r* pour un *l*; *par* pour *pré*. Les monosyllabes, les voyelles seules, doivent être évitées avec soin; elles présentent moins de difficultés à un déchiffreur exercé, et elles peuvent le mettre sur la voie. On peut aussi écrire par abbréviation.

Après avoir exposé toutes ces règles, Porta envisage son sujet sous un autre point de vue : le déchiffrement des dépêches dont on veut pénétrer le sens. Il recommande de compter d'abord le nombre de caractères différents employés dans la missive, lesquels ne peuvent excéder 21 ou 22; s'il s'en trouve davantage, le déchiffrement est plus difficile, puisqu'il y aurait alors des caractères superflus ou inutiles. Lorsque les caractères différents sont au-dessous du nombre 21 ou 22, il faut savoir quelles sont les lettres qui manquent, tâche délicate à laquelle on ne peut procéder que par conjectures.

Porta s'occupe des moyens de distinguer des voyelles les consonnes. D'abord, toute les fois qu'on rencontre dans le cours de la missive cinq caractères différents et fréquemment répétés, on peut être assuré que ce sont des voyelles. En second lieu, on peut observer quelles sont les lettres qui sont répétées le moins fréquemment, ce sont les consonnes *q*, *x*, *y* et quelquefois l'*h*; en troisième lieu, les lettres isolées qui ne tiennent à aucun mot sont assurément des voyelles. En quatrième lieu, lorsque les mêmes formes de caractères commencent ou achèvent un mot, on doit présumer qu'il y a des voyelles, car i n'arrive jamais qu'un mot commence ou finisse par deux consonnes (n'oublions pas que Porta écrit en latin, et que c'est à cette langue que s'appliquent tous ses raisonnements). Cinquièment, il faut faire attention que, lorsqu'au milieu d'un mot il se trouve deux consonnes, la lettre qui précède et celle qui suit sont certainement des voyelles. Cependant les lettres *h*, *l* et *r* font quelquefois exception à cette règle, puisqu'on les trouve placées en troisième consonne dans le mot. Il faut savoir aussi que deux voyelles peuvent être à côté l'une de l'autre, et que, par conséquent, les lettres placées avant et après sont des consonnes.

Notre auteur dirige ensuite sa perception sur les moyens qu'on peut employer pour découvrir les places qu'occupent les consonnes. Il peut s'en trouver quatre de suite dans un même mot, comme *phthisie*, *diphthongue :* alors l'*h* aspirée se trouve placée la seconde et la quatrième; lorsqu'il y a trois consonnes de suite, comme dans *phrase*, *thrône*, la lettre *h* est la seconde; et il n'y a que trois consonnes qui admettent l'*h*, savoir *c*, *p*, *t*. Il y a quatre consonnes qu'on appelle liquides ou mouillées, savoir *l*, *m*, *n*, *r*. La consonne *b* admet les lettres *l* et *r*; exemple : *blanc, bras*. La consonne *c* les admet pareillement; par exemple : *clair, scribe*. L'*r* n'admet que l'*h*. Il est rare de trouver ensemble l'*m* et l'*n*, comme dans *Mnemosyne;* le *g* et l'*n* comme dans *ignare*.

Porta développe ainsi de longues et minutieuses observations sur le retour plus ou moins fréquent des voyelles, sur leur combinaison avec les consonnes, mais ces détails se rattachent à la langue latine et ne sont pas susceptibles d'une application exacte à d'autres idiomes.

Dans le quatrième livre de son traité, Porta étudie la mutation de la valeur des lettres, de façon qu'un même caractère puisse représenter tantôt un *a*, tantôt un *p*, tantôt un *m*.

Il faut d'abord se faire des caractères inconnus qui représentent vingt lettres de l'alphabet (le *k*, l'*x*, le *j* et le *v* étant exclus); on a un triple cadran, dont celui du centre est mobile; tous trois divisés en 20, 24 ou 28 parties égales, de manière que les espaces de chacun se correspondent très-exactement. Le grand cadran contiendra la suite des nombres depuis 1 jusqu'à 20, 24 ou 28. Le second cadran moyen contiendra la série des vingt lettres de l'alphabet et quatre ou huit cases en blanc, et le petit cadran concentrique mobile portera les vingt signes en caractères représentatifs des lettres de l'alphabet, immédiatement placés au-dessus d'elles. Il faut d'abord écrire en écriture courante l'avis secret qu'on veut envoyer; puis, cet écrit est mis en caractères représentatifs des lettres de l'alphabet; mais, pour rendre cette écriture très-difficile à découvrir, on fait, à chaque lettre, avancer d'un cran le cadran mobile, de sorte que le caractère qui représentait un *d* représente un *e*; pour la lettre suivante, ce même caractère représente un *f*; et ainsi des autres. De cette manière, le même caractère ayant diverses représentations, il est aisé de sentir tout ce qu'un pareil moyen jette d'obscurité dans une correspondance secrète; mais il faut que les correspondants aient chacun un instrument pareil et concertent d'avance entre eux la manière de s'entendre.

On comprend que nous ne pouvons entrer ici dans la description détaillée des combinaisons dont ce procédé est susceptible; on le trouve, dans l'ouvrage de Porta, accompagné d'exemples et de figures compliquées. Pour suppléer aux cadrans cidessus, il donne une table de permutation très-propre à changer à volonté les signes représentatifs.

Les alphabets, fabriqués à plaisir et n'offrant ainsi aucun trait de lumière aux investigations des curieux, tiennent une grande place dans le traité du savant napolitain.

Voici un des modèles de ces alphabets qu'indique Porta et qu'il regarde comme indéchiffrables. On partage les lettres en trois groupes de trois lettres et en six groupes de deux, de la façon suivante :

a l u	b m x	c n z
d o	e p	f g
g r	h s	i t

Pour répondre à ces neuf groupes, on forme neuf caractères de la forme que voici :

et on ajoute à chacun d'eux un, deux ou trois points, afin d'exprimer la place qu'occupe dans le tableau la lettre de l'alphabet qu'on veut représenter ; ainsi l'*n* sera

de
div
ntir
seuré
e, m.
at cha
tent d
ntendr
On con
er ici d
ombinai
ole; on le
accompa
pliquées
dessus, il
très-prop
représent
Les alp
frant ains
vestigatio

par

caractères telle
est de fait que
à quiconque
une énigme abso-
sur lesquels
prolixité,
dont Tri-
principe; il
lettre est

Au lieu de chaque lettre, il s'agit d'écrire le mot qui correspond à cette même lettre dans le tableau ci-dessus. Ainsi, pour exprimer le nom de *Roma*, on mettra : *Adjuva clemens æterne Deus;* et la traduction du mot *hostis* (l'ennemi) sera *liberator clemens tuere, libera sapiens tuere.*

On comprend, d'ailleurs, que ce procédé n'offrirait pas de bien grandes difficultés à un déchiffreur un peu sagace et au fait des ressources de son art.

§ III.

Blaise de Vigenère.

Profitant des recherches de Trithème et de Porta, un écrivain français du seizième siècle, plus fécond que judicieux, Blaise de Vigenère (1), mit au jour un gros vo-

[1] Mort en 1596; il remplit d'importantes fonctions diplomatiques, et il traduisit un grand nombre d'auteurs grecs et latins; ses traduc-

lume in-4°, lequel ne renferme pas moins de 600 pages consacrées à la Cryptographie. L'auteur n'a point su se préserver de l'écueil contre lequel ses prédécesseurs étaient venus échouer. Au lieu de poser clairement et nettement des règles précises, au lieu d'indiquer des procédés faciles à comprendre, il se plonge dans l'océan des rêveries cabalistiques. Il reproduit, en général, les inventions chryptographiques de Porta.

Parmi les diverses méthodes qu'indique Vigenère, nous allons essayer de faire comprendre la suivante :

Dressez un tableau composé de huit colonnes et disposé de la manière qui suit :

tions sont aujourd'hui vouées à l'oubli le plus profond, de même que son *Traité des Comètes* et son *Traité du feu et du sel*, quoique ce dernier écrit (c'est un livre d'alchimie) ait obtenu trois ou quatre éditions en France, et qu'il ait même rencontré des traducteurs qui l'ont fait passer en latin et en anglais.

	A A	B B	C C	A B	A C	B C	C B
A	a	d	g	l	o	r	u
B	b	e	h	m	p	s	x
C	c	f	i	n	q	t	z

On cherche, parmi les petites lettres, celle que l'on veut écrire, et, à sa place, on pose les deux capitales qui sont dans la case supérieure correspondante à cette lettre; on y joint la capitale de la ligne horizontale placée à gauche, et on transcrit ces capitales ou petites lettres; ainsi, pour écrire *le roi*, on voit que la lettre *l* correspond par en haut à A B, et à gauche à la lettre A : on pose *aba;* l'*e* sera *bbb;* le mot *roi* s'exprimera par : *bca, aca, ccc.*

Vigenère n'oublie pas l'usage qu'on peut faire de deux exemplaires d'un même livre : on convient de recourir à une page, la première venue ; on se met d'accord sur une ou deux lignes de cette page, et on indique les diverses lettres de l'alphabet par des chiffres correspondant à l'ordre dans lequel ces lettres se présentent. En prenant pour exemple la troisième ligne du feuillet 3 de l'ouvrage de Vigenère lui-même, on opérera sur la phrase suivante :

« Partie de son âme dont elle constitue la différence. »

et on dressera le tableau suivant :

p	a	r	t	i	e	d	s	o	n	m	l	....
1	2	3	4	5	6	7	8	9	10	11	12	....

On aura soin de négliger les lettres répétées et de continuer ce travail sur la ligne suivante si toutes les lettres de l'alphabet ne se trouvent pas dans la ligne choisie.

De cette manière, ces deux mots, *le pape,* seraient représentés par les chiffres suivants :

12.6. 1.2.1.6.

Le *roi* s'exprimerait en écrivant :

12. 6. 3. 9. 5.

Vigenère remarque que ce chiffre est

inexpugnable, sans la communication du secret, car que serait-il possible de conjecturer là-dessus ?

Les vingt-quatre caractères de l'alphabet usuel lui paraissant trop simples et trop susceptibles d'être devinés, Vigenère invente des chiffres de 72, de 64, de 48 caractères; chaque lettre est représentée par deux, trois ou quatre signes imaginés à plaisir et qu'on peut varier à l'infini.

Une autre combinaison consiste à indiquer chaque lettre de l'alphabet, sur un chiffre; mais, afin de dérouter les curieux, on entremêle les lettres, car les écrire à rebours de la façon suivante :

Z Y X... B A
1 2 3... 23 24,

serait trop naïf. On peut les diviser en deux séries, dont voici un modèle :

H I L M A B C D E,

ou bien les placer de cette manière :

L A M B N C
1 2 3 4 5 6,

ou bien, enfin (car ces arrangements sont susceptibles de modifications presque infinies), assigner à chaque lettre un chiffre de convention.

a	15	n	1
b	9	o	23
c	11	p	5
d	20	q	12
e	3	r	8
f	18	s	22
g	24	t	4
h	19	u	10
i	16	v	2
k	7	x	14
l	9	y	17
m	13	z	6

De cette manière, *Lyon est pris*, s'exprimerait par : 917 231, 3224, 581622.

Et certes, quelqu'un qui n'aurait pas le secret du chiffre attribué arbitrairement à chaque lettre, se trouverait dans l'impossibilité presque absolue de deviner le sens de ces nombres mystérieux.

Vigenère n'oublie point « un bel artifice de se réserver un second sens caché parmy le premier, si l'on estoit surpris et contraint d'exhiber son chiffre; » mais les explications qu'il donne à cet égard sont confuses et d'une longueur telles, que, si nous avions la patience de les transcrire, peu de personnes sans doute auraient celle de les lire.

Le défaut de la plupart des procédés qu'indique le *Traité des chiffres*, c'est une extrême complication; l'auteur fait un usage immodéré de lettres de diverses couleurs, et il expose, d'une façon souvent très-peu claire, des systèmes de chiffres tellement mystérieux, que celui qui voudrait en faire usage se trouverait peut-être lui-même dans un embarras inextricable pour déchiffrer ce qu'il aurait écrit.

Vigenère fait observer que la Cryptographie se retrouve dans la plupart des professions :

« Les hommes de tout temps ont esté « curieux de se tracer chacun pour soy « quelques notes secrètes pour se receler

« de la cognoissance des autres, comme « les marchands en leurs marques et pa- « piers de compte; les médecins, en leurs « pieds de mouche; les jurisconsultes, en « leurs paragraphes. »

Il expose avec complaisance un moyen de transmettre un avis, sans avoir recours à l'écriture, mais en employant des grains de diverses matières, accouplés deux à deux et arrangés comme des chapelets.

grains	d'or,	d'argent,	d'ébène,	d'ivoire.
d'or	A	B	C	D
d'argent	E	H	I	L
d'ébène	M	N	O	P
d'ivoire	R	S	T	V

De sorte que le mot *deus*, par exemple, aurait pour expression, en suivant les lignes horizontales : deux grains d'or et d'ivoire, deux d'argent et d'or, deux grains d'ivoire, deux d'ivoire et d'argent.

Après avoir expliqué ce procédé, Vigenère consigne, en son livre, la réflexion que voici :

« Au rang des chiffres ou occulte écri-
« ture, on peut bien reléguer aussi les
« minutes des greffiers, notaires, sergens
« et semblables manières de gens de pra-
« tique, et encore l'écriture de beaucoup
« de personnes, qu'à peine autres qu'eux
« sçauroient lire, quoiqu'elle ne soit que
« des lettres ordinaires, mais difformées de
« telle sorte, qu'on n'y sçauroit presque
« rien discerner. Or, laissant à part ces
« vicieux chaffourements qui procèdent
« d'insuffisance, il y en a d'autres qui
« consistent en perspective, car, en y re-
« gardant de front, on n'y sçauroit rien
« discerner de lisible, mais l'accomodant
« obliquement en l'assiette qui luy est
« propre, ce qui estoit imperceptible ap-
« paroist. Il y en a d'autres qui dépendent
« de la seule acuité de la vue, la lettre es-
« tant si déliée que l'œil à peine la peut
« comprendre : telle que s'est vue de nostre
« temps celle d'un gentilhomme siennois,

« appelé *Spanocchio,* qui écrivoit sur un
« velin, sans aucune abréviation, tout l'*In*
« *principio* de Saint-Jean, en autant ou
« moins d'espace que ne contient le petit
« ongle, d'une lettre si exquise et si bien
« formée, qu'il ne seroit pas possible de
« mieux faire. Pline, d'après Cicéron, al-
« lègue que toute l'*Iliade* d'Homère, qui
« contient de quatorze à quinze mille vers,
« avoit esté escrite de si menue lettre en
« velin, qu'elle pouvoit toute entrer en
« une coquille de noix. »

Le célèbre chancelier Bacon a, dans son traité *De dignitate et augmentis scientiarum* (livre VI, ch. I), fait connaître un chiffre, dont il est l'inventeur, et qui est basé sur les permutations de deux lettres seules, *a* et *b*, combinées par groupes de cinq. Ces deux lettres sont susceptibles de 32 combinaisons de ce genre; il y en a donc plus qu'il n'en faut pour exprimer l'alphabet tout entier, et cet *alphabetum biliterarium* (c'est ainsi que le nomme Bacon) pourra s'écrire de la façon suivante :

a	aaaaa	n	abbaa
b	aaaab	o	abbab
c	aaaba	p	abbba
d	aaabb	q	abbbb
e	aabaa	r	baaaa
f	aabab	s	baaab
g	aabba	t	baaba
h	aabbb	u	baabb
i	abaaa	w	babaa
k	abaab	x	babab
l	ababa	y	babba
m	ababb	z	babbb

On comprend, du reste, qu'au lieu des lettres *a* et *b* on peut prendre toute autre dont on aura envie, ou bien les remplacer par quelque signe algébrique, ou par une marque quelconque à laquelle on voudra s'attacher. L'inconvénient de cet alphabet, c'est que tout mot ordinaire se trouve représenté par cinq fois plus de lettres. *Paris*, par exemple, se traduira par *abbba aaaaa baaaa abaaa baaab*.

Lorsqu'on voudra écrire *Espagne*, il faudra prendre la peine de tracer *aabaa baaab abbba aaaaa aabba abbaa aabaa*. Une phrase un peu longue se trouvera ainsi exiger beaucoup de temps et une attention fort soutenue, pour être écrite sans que quelque erreur ne vienne s'y glisser.

Bacon a prévu que le mystère de son alphabet ne serait pas très-difficile à découvrir, et il a dû chercher quelques moyens, afin de mettre sa pensée à l'abri des curieux : il a donc imaginé ce qu'il appelle l'*alphabetum biforme*. Après avoir déchiffré la dépêche écrite d'après la méthode que nous venons d'exposer, on n'arrive point encore au véritable sens : il est enveloppé dans les lettres qui sont mises en majuscules dans l'alphabet *biforme*, lettres qu'indique à ceux qui ont la clef de ce procédé les groupes de lettres auxquels elles correspondent.

Pour faire comprendre ceci, il est indispensable de transcrire d'abord ce nouvel alphabet, tel qu'il se montre dans l'ouvrage de Bacon.

ab	ab	ab	ab	ab	ab	ab	ab
AA	aa	BB	bb	CC	cc	DD	dd
ab	ab	ab	ab	ab	ab	ab	ab
EE	ee	FF	ff	GG	gg	HH	hh
ab	ab	ab	ab	ab	ab	ab	ab
II	ii	KK	kk	LL	ll	MM	mm
ab	ab	ab	ab	ab	ab	ab	ab
NN	nn	OO	oo	PP	pp	QQ	qq
ab	ab	ab	ab	ab	ab	ab	ab
RR	rr	SS	ss	TT	tt	VV	vv
ab	ab	ab	ab	ab	ab	ab	ab
uu	WW	ww	XX	xx	YY	ab	
ZZ	zz						

Supposé maintenant qu'on veuille donner avis à quelqu'un de s'enfuir, en lui faisant passer le mot latin *fuge*, on écrira d'abord la phrase suivante, qui présente un sens tout opposé :

Manere te volo donec venero.

En prenant dans l'alphabet ci-dessus les lettres *a* et *b* qui correspondent aux lettres dont est formée cette phrase, on mettra :

aabab baabb aabba aabaa
Maner etevo lodon ecvenero

Ces quatre groupes d'*a* et de *b* réunis par cinq, indiquent, d'après les combinaisons de l'Alphabet Biforme, les quatre lettres qui forment le mot FUGE.

Il faut reconnaître que les explications trop succinctes et très-peu claires que donne Bacon à l'égard de ses procédés de chiffres, laissent beaucoup à désirer. L'idée d'employer les combinaisons des lettres n'est cependant point indigne d'une attention sérieuse : il y a le germe de tout un système de chiffres qui n'a pas de limites.

Remarquons, en effet, que des mathématiciens ont cherché le nombre des combinaisons que peuvent offrir les 25 lettres de l'alphabet groupées ensemble de toutes les manières imaginables : ils ont trouvé le chiffre formidable de 42 quadrillons, 163,840 trillions, 398,198 billions,

058,854 millions, 693,625. Pour saisir toute l'énormité de ce nombre, il faut se souvenir qu'on a démontré que, pour écrire toutes les combinaisons qu'il énonce, il serait indispensable de se procurer une feuille de papier qui aurait 421,300 fois l'étendue de la superficie de la Terre.

§ IV.

Jérôme Cardan.

Cet Italien célèbre, qui toucha à toutes les questions (1) et qu'une vaste érudition,

[1] L'édition de ses *Opera omnia* (Lyon, 1663, 10 vol. in-folio) ne renferme pas moins de 222 traités en ouvrages divers. On peut consulter, à l'égard de cet étrange écrivain, Buhle, *Histoire de la Philosophie*, tom. IV, p. 730-739 de la traduction française; la *Retrospective Review*, tom. I, p. 94-112; un article de M. Mercey, *Revue de Paris*, juin 1841; un mémoire de M. Franck, lu en 1844 à l'Académie des sciences morales et politiques. Quant au mérite de ses travaux scien-

jointe à des talents très-distingués, n'a point préservé d'une accusation de folie, a dit quelques mots de la Cryptographie dans son ouvrage *de la Subtilité*; les voici d'après la vieille traduction française :

« Prenez deux peaux de parchemin de « mesme grandeur et semblablement ré- « glées et lignées; vous y ferez séparément « des trous assez petits, mais toutefois de « la grandeur et hauteur du corps que « vous avez accoutumé faire vostre lettre : « l'un de ces pertuis pourra tenir sept « lettres, l'autre trois, l'autre huit ou dix, « de sorte que tous les trous ou pertuis « qu'aurez faits pourront tenir ensemble « cent vingt caractères ou lettres. De ces

tifiques, on peut consulter l'*Histoire des Sciences mathématiques en Italie*, par M. Libri, tom. III, p. 107, et l'*Histoire de la Chimie*, par M. Hoefer, tom. II, p. 99. Cardan a trouvé deux biographes, l'un en Italie (Mantovani, *Vita di Cardano*, Milano, 1821, 8°), l'autre en Angleterre (G. L., *the life and times of G. Cardan*, London, 1836, 2 vol. 8°).

« deux peaux, vous donnerez l'une à celuy « auquel vous désirez escrire, et vous re- « tiendrez l'autre à vous ; et, lorsque « voudrez escrire le plus brief et succinct « que vous pourrez, de sorte que vostre « escriture n'excède pas ledit nombre de « cent vingt caractères ou lettres : qui « est tout ce que les espaces et pertuis « susdits pourront comprendre. Et après, « sur les pertuis, faits comme je l'ay dit, « vous escrivez, au feuillet de papier qui « est dessous, le sujet et sentence que « voudrez ; et, après, à un autre feuil- « let, et conséquemment au troisième. « Cela estant fait, vous remplacez les es- « paces et distances qui demeureront « vides, ainsi augmentant ou effaçant jus- « ques à tant que vostre sentence et sujet « apparoissent et se montrent. Vous ac- « complirez la seconde sentence au se- « cond feuillet de papier, faisant extrait en « telle sorte, sur la première, qu'il sem

« blera et apparoistra que les mots et pa-
« roles soient suivants et consécutifs l'un
« après l'autre. La troisième adapterez
« aussi à telle sorte et manière, que, sans
« aucune interruption ni intermission des
« premières lettres, l'ordre, la sentence,
« le nombre des paroles avec la grandeur
« se trouveront et apparoistront, retenant
« mesure, sujet et intelligence. Et après
« appliquerez, sur ce papier escrit en cette
« manière, le parchemin que pour cette
« cause vous aurez taillé et percé, faisant
« en tout et partout, aux extrémitez des
« trous ou perçures, de petits et subtils
« points, jusques à tant que le sujet et
« intelligence des lettres parviennent en
« la sorte que vous désirez les escrire. Et
« après, celuy à qui vous les enverrez,
« mettant sur elles son exemplaire percé
« (comme il est dit), entendra subitement
« et facilement la conception de vostre
« volonté. »

§ V.

Le duc de Brunswick.

Au commencement du seizième siècle, un duc de Brunswick-Lunebourg, Auguste le Jeune, se livrait avec ardeur à l'étude; il publia divers écrits sous le pseudonyme de Gustave Selenus. *Selenus*, du grec *Selène* (la lune), était une espèce de traduction du mot *Lunebourg; Gustave* est l'anagramme d'*Auguste*. Le jeu des échecs, l'horticulture, l'art d'écrire en chiffres, occupèrent tour à tour l'attention de ce prince; son livre sur le sujet que nous traitons ici a pour titre : *Systema integrum Chryptographiæ*; c'est un in-folio de près de 500 pages.

Trithème a fourni la majeure partie des procédés décrits dans ce gros volume, où il se trouve malheureusement beaucoup d'idées cabalistiques; les exemples étant pour la plupart empruntés à la langue allemande, il n'y a pas moyen de les reproduire textuellement.

Parmi les méthodes que décrit le duc Auguste, en voici une dont nous n'avons pas encore fait mention :

Formez trois colonnes, en inscrivant, à côté des cinq voyelles répétées trois fois, les consonnes de l'alphabet :

a	*b*	a	*h*	a	*p*
e	*c*	e	*k*	e	*q*
i	*d*	i	*l*	i	*r*
o	*f*	o	*m*	o	*s*
u	*g*	u	*n*	u	*t*

Au lieu d'écrire les lettres qui emportent les mots que vous voulez chiffrer, vous inscrivez celles qui leur correspondent. Vous mettez par exemple un *i* en place d'un *r*, *et vice versa*, un *o* en place d'un *f*, ainsi de suite.

Pour écrire *l'empereur d'Autriche*, vous mettrez *icoakitk iaguieak*.

Rien n'empêche d'employer à rebours un alphabet ainsi dressé ou de substituer quelques lettres à d'autres, en suivant une marche dont on sera convenu : cela augmentera beaucoup les difficultés du déchiffrement. Au moyen de méthodes semblables, le prince allemand montre comment les mots suivants : *Cras expectabis adventum meum*, peuvent se traduire par *zfxubzmsbeugpgeurmiothrha.*

Les alphabets imaginaires et forgés à plaisir, que fait connaître le prince, sont, pour la plupart, la reproduction ou l'imitation de ceux qu'on trouvait déjà dans le livre de Porta; il a pris la peine de faire graver (page 282) l'alphabet qu'une tradition très-peu authentique attribue à Salomon, et il n'a point oublié celui dont les habitants du pays d'Utopie font usage, à ce qu'affirme Thomas Morus. Il a lui-même inventé un moyen d'exprimer les lettres, au moyen d'un système de lignes brisées, obliques, parallèles, etc., ou bien grâce à des groupes de points disposés de diverses manières. Nous pensons qu'il serait superflu de donner la reproduction de ces alphabets fantastiques, car le champ des inventions de ce genre est sans bornes.

CHAPITRE III.

RÈGLES ET PROCÉDÉS DE CRYPTOGRAPHIE.

§ Ier.

Préceptes généraux.

Maintenant laissons de côté les méthodes aujourd'hui abandonnées qu'exposent les écrivains du seizième siècle, et cherchons à faire comprendre quelques-unes des règles auxquelles se conformaient, dans leurs dépêches chiffrées, les diplomates du siècle dernier, règles qui servent encore habituellement de guide à leurs successeurs.

Les signes de ponctuation sont supprimés, ou bien, lorsqu'il est nécessaire d'en faire usage, afin de donner plus de clarté au texte chiffré, on les indique par une marque particulière. Les accents et le trait d'union sont abolis.

On emploie ce qu'on nomme des non-valeurs (*otiosi characteres*), afin de dérouter les curieux. Par exemple, on peut convenir que tous les nombres composés entre 200 et 400, entre 825 et 950 ne signifient rien et qu'il ne faut point en tenir compte dans le déchiffrement. Le déchiffreur non initié perdra beaucoup de temps à vouloir trouver un sens là où il n'y en a pas et sera complétement fourvoyé.

Parfois, on a recours à un chiffre de contre-sens ; on convient que les phrases chiffrées, comprises entre deux marques convenues, telles que des croix, des parenthèses, des chiffres déterminés à l'avance, etc., doivent être entendues dans un sens diamétralement opposé à celui qu'elles présentent. Par exemple, la phrase chiffrée : « Le roi est malade, mais il va mieux et sa guérison est certaine, » doit être interprétée ainsi tout autrement : « Sa mort est certaine. »

Il n'est pas mal d'employer dans une dépêche chiffrée des mots de diverses langues ; le mystère sera encore plus difficile à percer ; en voici un exemple : *L'armée de l'Empereur se réunit aux troupes du roi;* écrivez, en faisant usage du latin, de l'allemand, du français, de l'espagnol; de l'anglais; *exercitus der Kayser se réunit à lus tropas of the king*. Chiffrez ensuite, et il sera presque impossible de découvrir ce que vous avez confié au papier.

Les mots écrits avec des abréviations convenues à l'avance, présentent une ressource avantageuse ; il est bon de les indiquer au moyen d'un signe convenu.

On a vu des hommes d'État employer la méthode d'écriture hébraïque, c'est-à-dire ranger les chiffres de droite à gauche.

Un procédé qui n'est pas très-compliqué consiste à dresser le tableau suivant :

abcd	efgh	iklm	nopq	rstu	xyz
1	2	3	4	5	6

et l'on exprime chaque lettre du mot qu'on veut déguiser par un double chiffre, dont le premier représente le groupe de lettres et le second, le rang qu'occupe dans ce groupe la lettre qu'on a en vue. Ainsi, l'*r* s'exprime par 51, le *g* par 23; pour écrire *festina lente*, on mettra :

22 21 52 53 31 41 11 33 21 41 53 21

Il n'est pas sans exemple qu'on joigne au chiffre convenu pour représenter telle ou telle lettre, un nombre invariable qui, joint à ce chiffre, en donne un autre, sur lequel les efforts les plus opiniâtres n'ont guère de prise, lorsqu'on ne connaît pas le secret. Supposons qu'on soit convenu que le chiffre 8 représente l'*l*, 74 l'*é*, 31 l'*r*, 26 l'*o*, 59 l'*i*; pour écrire *le roi*, on mettrait 8

74 31 26 59; mais, si on ajoute 6 à chacun de ces nombres, on aura 14 80 37 32 65.

Il va sans dire qu'au lieu d'ajouter, on est parfaitement maître de retrancher, de multiplier, de diviser : l'essentiel est que les deux correspondants se mettent bien d'accord sur la marche qu'ils adoptent.

§ II.

Chiffre imaginé par Mirabeau.

L'imagination active de Mirabeau touchait à tout ; il inventa, dans un moment de loisir, une méthode de chiffre qui n'est pas sans mérite. Divisez l'alphabet en cinq parties égales, désignez d'abord chacune des cinq divisions par un numéro, indiquez ensuite par des numéros chacune des lettres que vous aurez groupées arbitrairement :

1

c	f	g	u	z
1	2	3	4	5

2

x u m o k
1 2 3 4 5

3

s e h b g
1 2 3 4 5

4

d l y q w
1 2 3 4 5

5

n i r t v
1 2 3 4 5

Les chiffres 6 à 9 et 0 sont regardés comme non-valeurs.

On range sur deux lignes les chiffres qui expriment la lettre qu'on veut représenter; la première de ces lignes désigne le groupe; la deuxième la place qu'occupe dans ce groupe la lettre en question. On indiquera donc l'*h* par $\genfrac{}{}{0pt}{}{3}{3}$, le *t* par $\genfrac{}{}{0pt}{}{5}{4}$, le *d* par $\genfrac{}{}{0pt}{}{4}{1}$; à côté de ces chiffres, tantôt à droite et tantôt à gauche, on mettra des non-valeurs afin de dérouter; en conséquence, ces mots *le Danube* s'exprimeront, si l'on veut, par :

74	3948	27	50	16	3639
82	2019	26	18	47	4827

On comprend de reste, que ceci peut être susceptible d'une multitude de combinaisons diverses.

§ III.

Dictionnaire de convention.

Un procédé, très-souvent mis en usage, consiste à former une espèce de dictionnaire dans lequel des mots sont remplacés par d'autres ; en voici un exemple :

Allies,	lui.	Camp,	7
Amiral,	quand.	Canon,	doit.
Arriver,	être.	Cavalerie,	bon.
Armistice,	car.	Conseil,	w.
Attraper,	pourquoi.	Définitif,	mais.
Attendre,	amie.	Deux,	voir.
Avenir,	2	Demander,	événement.
Balance,	oui.	Descendre,	loi.
Baron,	3	Division,	non.
Bavarois,	amen.	Dix,	art.
Bois,	et.	Empereur,	est.

Entre, tôt.
Événement, demande.
Faux, 8
Favori, jamais.
Fureur, demain.
Général, 6
Gloire, 104
Gouverneur, selon.
Hommes, tard.
Honneur, gagné.
Ici, il.
Inventeur, hier.
Levé, eux.
Lignes, nous.
Maréchal, cerf.
Manœuvres, fin.
Mille, âne.
Naples, crue.
Nouvelles, quart.
Opération, sot.
Ordre, ni.
Ostracisme, x.
Partis, et cætera.
Peur, z.
Question, ami.
Querelle, troc.
Quand, bleu.
Ravin, grand.
Renfort, son.
Risquer, bas.
Ruiner, loup.
Sottise, vert.
Surseoir, or.
Suisse, froid.
Terrain, fier.
Trois, corde.
Tuer, rond.
Union, Vienne.
Vivres, choix.
Volontaires, lois.
Voyage, Gand.

Mots perdus qu'on intercale dans les phrases :

Assez, après, beaucoup, beauté, carré, dîner, honneur, loterie, mer, noire, port, etc.

En se servant de cette table, voici

comment on pourra rendre le passage suivant :

« Le Conseil n'a rien statué de définitif. « Il paraît cependant qu'on ne balance « qu'entre deux partis, celui de risquer la « levée du camp et celui de demander un « armistice. »

« Le *w* n'a encore rien, *or* de *mais*. Il paraît cependant qu'on ne *oui* que *tôt voir etc.*, celui de *bas* la *eux* du 7 et celui de *événement* un *car*. »

§ IV.

Lettres et mots exprimés par des chiffres.

Une des méthodes les plus généralement arrêtées consiste à représenter chaque lettre et un certain nombre de mots, de syllabes et de noms propres, par des chiffres ; afin de mieux dérouter les investigations, on exprime la même lettre ou le même objet par divers chiffres ; les noms de nombre eux-mêmes se traduisent par des chiffres. On forme ainsi des tableaux qui portent le nom de *chiffre chiffrant*; en voici un modèle.

a	6	19	500	46
b	8	50	250	20
c	4	2	125	18
d	11	41	65	87
e	31	47	201	900
f	49	96	113	6998
g	25	43	68	100
h	39	93	200	8446
i	57	89	98	105
k	64	86	244	9797
l	51	69	83	111
m	13	63	92	536
n	54	102	107	5886
o	58	79	129	7654
p	21	95	140	999
q	35	84	110	1220
r	59	81	108	548
s	52	74	103	1370
t	56	82	104	925
u	53	97	112	1000
v	32	94	205	1266
x	34	114	300	966
y	67	78	201	6740
z	42	91	106	120

Mots et syllabes.				
au,	72	99	1150	40
de,	45	77	66	1777
en,	1	15	12	1401
est,	76	1944	30	85
et,	7	101	1186	90
été,	27	128	1650	171
ici,	150	270	29	2224
le,	9	88	109	1444
mais,	234	71	489	2991
non,	127	28	1849	55
on,	88	887	75	649
ou,	70	2471	666	48
pour,	63 b	72 b	740	830
que,	80	5	25	400
le roi,	812	699	778	816
la reine,	770	817	644	555
le ministre N,	60	44	776	670
le prince N,	779	61	825	819
l'armée,	700	790	970	1200
il est parti,	576	1620	1718	600
il est de retour,	62	33	892	697
il est malade,	5699	753	834	690
il est mort,	671	863	540	4559
,	2 b	96 b	86 c	88 d
.	9 b	90 b	92 c	98 d
;	5 x	6 x	11 x	50 x
1	14	26	20 b	24
2	16	73	18	22
3	9	188	37	38

4	1	10	45	56
5	115	132	650	663
6	119	138	192	290
7	116	134	195	274
8	118	189	194	271
9	117	136	189	289
0	190	280	651	661
Non-valeurs,	3000 à 4500			
Contre-sens,	+ + et ÷ ÷			

Supposons qu'on veuille chiffrer les lignes que voici :

« Le roi est parti le 12 du courant pour « l'armée, avec le prince N. et le mi- « nistre N. + il a de bonnes intentions « pour votre Majesté +; l'armée, forte de « 150,000 hommes, doit passer le Danube. »

On fera précéder cet avis de quelques mots qui lui donneront l'apparence d'une missive relative à quelque opération de commerce ou de banque, et on écrira :

« Je n'ai pu encore réussir à effectuer « l'emprunt que vous désirez contracter et « au sujet duquel vous m'avez écrit. « 3000 4499 812 576 9 14 16 11 53

« courant 21 58 53 81 69 6 108 13 31
« 47 19 32 201 4 3017 779 7 3778 60
« 14 b + 98 83 46 45 20 129 54 102
« 900 103 105 107 104 201 5886 925
« 98 7654 102 52 63b 1266 96 536
« 90 b + 700 66 24 18 190 280 651
« 661 39 58 13 63 47 74 11 129 98 82
« 21 6 52 74 201 81 88 65 500 102 112
« 5 31. Cette affaire pourrait avoir à
« Hambourg des chances de réussite. »

Les mots, *bonnes intentions*, étant affectés du chiffre de contre-sens, il faut comprendre : *mauvaises intentions* ou *peu favorables*.

§ V.

Théorie des chiffres chiffrants et déchiffrants.

Les auteurs de l'*Encyclopédie méthodique* ne pouvaient oublier, dans leur vaste répertoire *de omni re scibili*, l'art de l'écriture en chiffre; voici le résumé des notions qu'ils exposent à cet égard:

Lorsqu'un agent diplomatique part pour une ambassade ou une légation, le ministère des affaires étrangères lui remet ordinairement trois *chiffres*, le chiffre chiffrant, le chiffre déchiffrant, et le chiffre banal. Le chiffre chiffrant, partagé en colonnes, marque dans la première non-seulement les lettres de l'alphabet, mais aussi les syllabes, les mots et les phrases dont cet agent aura probablement besoin dans le cours de sa négociation, les noms des souverains ou république, de leurs principaux ministres, etc. Cette colonne est quelquefois imprimée, mais la seconde colonne, remplie en écriture par le département des affaires étrangères, renferme les nombres, chiffres ou caractères par lesquels on juge à propos de désigner la lettre, le mot ou la phrase, comme dans le modèle suivant :

Chiffre chiffrant.

a	43.	260.	311.	1020.	805
b	9.	506.	33.	1110.	21
c	15.	36	444	20	1006
l'empereur,	44	31	1117		
le roi d'Espagne,	35.	88.	304.	1144	
l'armée des alliés,	80.	95	1022	888	
le pape,	50	302	467	19	
avantage,	18.	75.	63		
brouiller,	22.	79	103		

On a soin de ranger par ordre alphabétique les noms substantifs, les verbes et les phrases, selon leurs lettres initiales, pour la commodité du chiffreur, et l'on emploie divers nombres dont il peut se servir à son choix, afin de désigner le même mot ; grâce à cette précaution, en cas d'incident, il devient plus difficile de déchiffrer la dépêche.

Les articles d'une dépêche qui mérite le secret se chiffrent tout au long ; on n'y met point de mots écrits en caractères ordinaires, parce que ces mots, quelque indifférents qu'ils puissent paraître, se trouvant dans le chiffre, peuvent faire deviner une partie du sens ou du moins découvrir la matière qu'on traite. Il ne faut pas négliger de distinguer tous les mots par un point, qu'on met derrière chaque nombre, puisque, sans cette précaution, une dépêche serait indéchiffrable pour le correspondant, qui ne pourrait se servir de sa clef et qui verrait les nombres confondus.

Le chiffre déchiffrant marque, dans la première colonne à gauche, tous les nombres dont le chiffre chiffrant est composé, depuis le plus bas jusqu'au plus haut dans leur ordre naturel, et la colonne à droite contient le mot, la phrase ou la lettre que chaque nombre désigne. Lorsqu'on veut chiffrer quelque dépêche, on cherche dans ce chiffre déchiffrant la signification de chaque mot qui se présente, et on l'écrit au-dessus entre les lignes, qui doivent être espacées convenablement, de même que les nombres éloignés les uns des autres à une juste distance.

En voici un exemple :

Le ministre d'ici est tout dévoué aux intérêts
102 25 44 9 1204 76 336

de l'Angleterre; c'est le fruit de dix mille
888 54 21 68 9

guinées semées à propos.
519 1106 718

§ VI.

Autres systèmes de chiffres.

Lorsqu'on soupçonne que les chiffres ont été vendus par des commis ou des serviteurs infidèles, on tâche de tromper les gens qui ont fait acquisition du chiffre.

Alors la Cour écrit à son ministre ou bien le ministre mande à sa Cour le contraire de ses véritables intentions. On exprime en chiffre la contre-partie des nouvelles qu'on veut transmettre; on met ensuite, dans la dépêche, un signe, une marque, un caractère, un mot ou une phrase, dont on est convenu avant le départ du négociateur, indice qui annule non-seulement tout ce qui vient d'être dit, mais qui désigne aussi qu'on doit l'entendre dans le sens opposé ; c'est ce qu'on appelle le *chiffre annulant*. Lorsqu'on découvre qu'une puissance rivale essaye de corrompre nos employés, on lui fait parvenir adroitement un faux chiffre, et on l'induit en erreur en écrivant des contre-vérités.

La Cour donne quelquefois un chiffre différent à chacun de ses ministres dans les pays étrangers; mais, comme il importe souvent au bien des affaires générales, que ces ministres lient entre eux des correspondances, on leur remet un chiffre banal qui leur est commun à tous et dont ils peuvent se servir.

Le chiffre à simple clef est celui où l'on se sert toujours d'une même figure pour désigner une même lettre.

Le chiffre à double clef est celui dans lequel on change d'alphabet à chaque mot ou dans lequel on emploie des mots inutiles.

Une manière plus simple est de convenir d'un même livre peu connu, ou d'une édition ancienne, imprimée au loin, presque ignorée : on forme une clef de trois chiffres; le premier marque la page du livre qu'on a choisi; le second désigne la ligne de cette page; le troisième marque le mot dont on doit se servir. Cette manière d'écrire ne peut être devinée que de ceux qui devineront d'abord à quel livre on a recours; elle présente d'autant plus de difficultés, que, le même mot se trouvant en diverses pages du livre, il est presque toujours désigné par différents chiffres; le même chiffre revient rarement désigner le même terme.

Nous allons maintenant passer en revue quelques-uns des systèmes de Cryptographie que développent les auteurs du dix-huitième siècle, systèmes dont le fond se trouve déjà chez Vigenère et chez Porta, et qui ne sont pas indignes d'attention, quoique, n'ayant guère été mis en usage, ils soient demeurés dans des livres condamnés à trouver peu de lecteurs.

§ VII.

Chiffre par excellence.

Tel est le nom que Blandol, dans son *Contre-espion*, donne à un chiffre, qui réunit, d'après lui, le plus grand nombre d'avantages que l'on puisse désirer pour une correspondance secrète et qui les réunirait tous sans exception, s'il n'était pas d'une exécution assez lente. Cet inconvénient est compensé par l'immense difficulté, par l'impossibilité même, on peut le dire, de découvrir, lorsqu'on ne possède pas le mot de clef convenu entre les correspondants, le sens d'une dépêche écrite de la sorte.

Pour faire emploi de ce chiffre, il faut d'abord que les deux correspondants se munissent d'un carré, qui présente pour les lettres ce que le carré arithmétique présente pour les chiffres, c'est-à-dire que dans l'un on multiplie des lettres, comme des chiffres dans l'autre, en cherchant le carré correspondant aux deux termes qui se servent réciproquement de multiplicande et de multiplicateur.

Voulez-vous savoir, par exemple, combien font six fois quatre ou quatre fois six? Cherchez, sur la première ligne horizontale de votre carré, l'un de ces deux nombres; cherchez ensuite l'autre sur la première ligne verticale, c'est-à-dire sur la première colonne. Voyez ensuite quelle est la case qui correspond en même temps à chacune de celles où sont ces deux nombres. Vous trouvez 24, qui est effectivement le produit de six ou de quatre multipliés l'un par l'autre. De même dans le carré de lettres, si vous voulez multiplier F par M, vous trouverez S à la case qui répond à l'F de la première ligne et à l'M de la première colonne. Vous trouvez également S à la case qui correspond à l'M de la première ligne et à l'F de la première colonne. Ceci posé, n'oublions pas qu'il y a un mot de clef dont les correspondants conviennent entre eux. Supposons que ce mot de clef soit *blanc-bec* (et si nous prenons ce mot pour exemple, c'est qu'il y a avantage à choisir des expressions peu usuelles et qui déjouent tous les efforts d'imagination de ceux qui s'efforceraient de les deviner). Il faut que vous multipliiez constamment, par les lettres du mot choisi, toutes les lettres de la missive que vous voulez chiffrer; puis, cela fait, vous placez chacune des lettres de *blanc-bec* sous chacune des véritables lettres que vous aurez à écrire, en répétant sans cesse le mot convenu et en recommençant à l'inscrire aussitôt que vous l'avez terminé.

Supposons que vous veuillez, vous, général d'armée, transmettre cet avis :

« Nous devons décamper cette nuit : »

Vous le disposerez de la façon suivante :

Nous devons décamper cette nuit.

Blan cbecbl ancblabl ancbe cblan.

Dans cet arrangement, vous regardez chacune des lettres *vraies* de la missive, comme des chiffres d'un multiplicande et chacune des lettres du mot de clef, comme un multiplicateur. Vous opérez ensuite de la façon suivante :

En multipliant N, première lettre *vraie* de la dépêche, par B, première lettre du mot de clef, vous trouvez sur votre carré la lettre P, à la case qui correspond d'un côté à l'N, de l'autre au B. Vous placez P pour première lettre de la missive chiffrée.

La seconde vraie lettre est un O, la seconde lettre de la clef est L. La case qui correspond à O et à L est un A, que vous posez comme second caractère.

La troisième vraie lettre est un U, la troisième lettre du mot de clef un A. La case qui correspond à l'une et à l'autre lettre, vous donne V, et la case qui correspond ensuite à S (quatrième lettre vraie) et à N (quatrième lettre du mot de clef), est G. Vous mettez pour troisième et quatrième caractère de votre dépêche chiffrée : V G.

Continuant cette opération sur chaque mot de la dépêche vraie, vous arrivez à la phrase chiffrée que voici :

pavggerpcesfcrsgddsxvjqxuu

Tant qu'on ne possédera pas le mot de clef, il sera impossible de deviner le sens d'un pareil billet. Votre correspondant déchiffrera sans peine cette missive, en faisant une opération inverse à celle que vous avez accomplie.

Au-dessous du billet chiffré, il écrira chacune des lettres du mot de clef. Il cherchera ensuite successivement dans la première colonne du carré chaque lettre du mot de clef, et, à chaque lettre, il cherchera sur la même ligne la lettre correspondante du billet chiffré. Alors la lettre qui commence la colonne où se trouve cette lettre de chiffre est la vraie; c'est celle qu'il faut écrire pour avoir la véritable missive.

On remarquera que chaque fois qu'une lettre se présente dans la dépêche *vraie*, elle donne dans la dépêche chiffrée un résultat différent; aussi toute investigation demeure-t-elle stérile, lorsqu'on ne possède pas les mots qui forment la clef d'un pareil chiffre.

Cette méthode est, au fond, sauf quelqu.s legères différences, la même que celle qu'expose le père Kircher, qu'il met en œuvre au moyen d'un tableau de chiffres (*abacus numeralis*), formé de lettres de l'alphabet disposées horizontalement d'abord, verticalement ensuite, et donnant ainsi un carré composé de 576 cases, dans chacune desquelles est placé un chiffre. Le procédé qu'indique Neyron (*Principes du droit des gens*, Brunswick, 1783, 8°, p. 170), rentre dans une catégorie toute semblable.

§ VIII.

Grille en châssis.

La manière d'écrire en chiffres au moyen d'une grille en châssis est bien simple et d'un usage facile. Elle réclame peu de temps. Il s'agit d'avoir un châssis découpé sur la longueur des lignes, comme le désigne la figure; celui auquel on écrit possède un instrument tout semblable.

Chacun des coins du châssis doit porter une marque différente, parce que ce châssis peut se placer dans divers sens.

Après l'avoir posé sur une feuille de papier de même grandeur, en faisant attention aux marques des quatre coins, on transcrit, dans les ouvertures, l'avis qu'on veut transmettre. La lettre une fois tracée d'après cette méthode, on lève le châssis, et, dans les intervalles qui se rencontrent entre chacun des mots, on en écrit d'autres, afin de remplir les vides ; on doit autant que possible les choisir de manière qu'ils puissent former un sens avec ceux qui ont été écrits dans les ouvertures du châssis.

Le correspondant qui reçoit cette épître applique, par-dessus chaque page, un châssis semblable ; alors tous les mots inutiles se trouvent masqués, et il n'a sous les yeux que les mots qui composent l'avis qu'on s'est proposé de faire passer.

La lecture d'une des œuvres les plus remarquables de M. de Balzac (*Histoire des Treize*) a révélé l'existence de la *grille* à bien des personnes fort peu au fait des procédés de la Cryptographie. Il s'agit, dans le passage ci-dessous, d'un agent de change, qui, ayant en main une lettre adressée à sa femme, lettre qui présente un non-sens continuel, vient consulter un de ses amis, employé au ministère des affaires étrangères :

« — C'est une lettre à grille .. Attends.

« Il laissa Jules seul dans le cabinet, et « revint assez promptement.

« — Niaiserie, mon ami ! C'est écrit avec « une vieille grille dont se servait l'am- « bassadeur de Portugal sous M. de Choi- « seul, lors du renvoi des jésuites... . « Tiens, voici !

« Jacques superposa un papier à jour, « régulièrement découpé comme une de « ces dentelles que les confiseurs mettent « sur leurs dragées, et Jules put alors « facilement lire les phrases qui restèrent « à découvert. »

Donnons un exemple de ce procédé.

Supposons qu'on veuille mander ceci : « Vous me trouverez très-disposé à vous rendre. »

On écrit ces mots dans l'ordre et à la place que leur assigne la grille dont on fait usage, et on remplit les intervalles, par d'autres mots, de façon que le tout présente un sens assez raisonnable.

Je [vous] prie de [me] mander si vous [trouverez] bon, mon [très-] cher, que je [disposé] dès [à] présent des effets que [vous] avez offert de me [rendre,] etc.

Voici maintenant le vrai sens rétabli au moyen de la grille :

[vous] [me]

[trouverez] [très-]

[disposé] [à]

[vous] [rendre,]

§ IX.

Chiffre au moyen d'un cadran.

Ce procédé est un peu compliqué. Il exige du temps et de l'attention, mais il présente les plus grandes garanties d'un mystère impénétrable.

Vous tracez sur un carton un cadran, que vous divisez exactement en vingt-quatre parties égales et sur chacun desquelles vous transcrivez une des vingt-quatre lettres de l'alphabet.

Vous avez un autre cercle de carton mobile ayant un centre commun avec le premier et pouvant tourner librement sur ce centre. Vous le divisez en un même nombre de parties, et vous y transcrivez également les diverses lettres de l'alphabet. Si les lettres sont rangées dans l'ordre ordinaire sur les deux cadrans, l'emploi de ce moyen de correspondance devient plus commode.

Le cadran mobile doit être placé de manière que ses divisions correspondent exactement à celles du premier cadran. On le dispose de la manière que l'on veut; et, si la lettre H, par exemple, du cadran intérieur correspond à la lettre A du cadran extérieur, on place en tête de la première ligne qu'on écrit les deux lettres H et A : elles indiquent, à celui avec lequel on correspond, de quelle manière il doit de son côté placer la machine parfaitement semblable dont il est muni ; sans une pareille indication préliminaire, il serait impossible de parvenir à s'entendre.

Une fois les cadrans disposés, on prend la lettre que l'on veut chiffrer et que l'on a d'avance écrite en caractères ordinaires; au lieu de chacune des lettres dont les mots sont composés, on place, sur la dépêche que l'on expédie, les lettres qui y correspondent sur le cadran intérieur.

Si le mot que vous voulez chiffrer est celui de *roi*, par exemple, vous mettrez, au lieu de l'*r*, la lettre *x* qui y correspond sur le cadran intérieur, et ensuite, au lieu des lettres *o* et *i*, les lettres *v* et *n*; vous aurez ainsi *xvn*, et le déchiffrement de ce que vous écrirez de la sorte sera presque impossible à celui qui ne saura pas que vous vous servez des cadrans, et qui, le sût-il, ne connaîtra pas quelle disposition vous leur donnez.

Vous continuez de même pour toutes les lettres dont se composent tous les mots de la dépêche qu'il s'agit de déguiser.

Votre correspondant met à profit l'indication H A, dont il vient d'être question : il donne à ses cadrans une disposition identique à celle que vous avez adoptée ; il cherche successivement sur le cadran extérieur toutes les lettres qui répondent sur le cadran intérieur à chacune de celles qu'il trouve dans votre missive, et il arrive ainsi sans difficulté à traduire la dépêche qu'il a reçue.

§ X.

De l'emploi des signes astronomiques.

Les signes astronomiques, c'est-à-dire ceux dont on fait usage pour désigner les planètes et les diverses parties du zodiaque ont été plusieurs fois mis en usage comme dans la Cryptographie. Supposé que chaque lettre soit représentée par un de ces signes, il faudra beaucoup de temps et de peine, pour écrire une dépêche en suivant une pareille méthode, et le secret ne sera pas mieux caché. Un chiffre de ce genre ne présente pas plus de difficulté que celui dans lequel chaque lettre de l'alphabet est représentée par une autre lettre, *a*, par exemple, étant remplacé par *d*, *b* par *e*, *c* par *f*, ainsi de suite.

On éprouve moins d'embarras à faire usage d'un chiffre, dans lequel les signes astronomiques sont mêlés à des lettres empruntées aux alphabets hébraïque, grec ou latin, ou bien à des chiffres numériques, à des figures de mathématiques. Chacun de ces signes exprime une lettre, une syllabe ou un mot. Cette méthode était du goût des anciens auteurs; mais aujourd'hui elle ne trouve guère de partisans. Vigenère se plaît à en fournir des exemples qu'il développe avec sa prolixité habituelle.

Voici, parmi les procédés de ce genre, le meilleur et le plus simple. On partage l'alphabet en cinq parties ou plus; on place chacune de ces sections dans un carré particulier, et on désigne chaque carré par un signe astronomique convenu. Donnons-en un exemple.

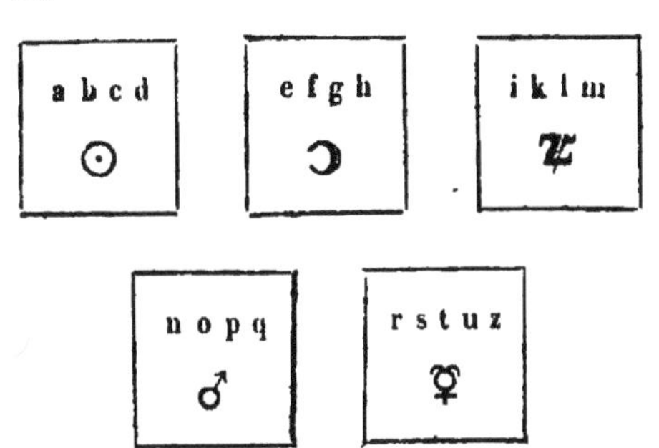

Il vaut mieux de ne pas laisser les lettres de l'alphabet rangées dans l'ordre habituel. Lorsqu'on veut faire usage des tableaux ci-dessus, il faut, pour exprimer chaque lettre, écrire le signe qui dénote le carré, et indiquer la lettre qu'on a en vue par un numéro qui correspond à la place qu'elle occupe. L'*e* se trouvera donc représenté par ☽1, l'*m* par ♃4, l'*o* par ♂2, etc. Si l'on veut transmettre l'avis que « l'armée a passé le Danube, » on mettra :

♃3 ☉1 ☿1 ♃4 ☽c ☽e ☉1 ♂3 ☉1
♀2 ♀2 ☽1 ♃3 ☽1 ☉4 ☉1
♂n ♀4 ☉2 ☽1.

Ce procédé est un peu long, puisque chaque lettre réclame l'emploi d'un signe et d'un numéro ; il ne présenterait pas de très-grandes difficultés à un déchiffreur habile, s'il était mis en usage de la manière que nous indiquons, mais il est aisé d'y ajouter des complications qui en déguisent mieux le mystère.

§ XI.

Signes de la mnémonique.

L'idée d'appliquer à la Cryptographie les signes imaginés pour la mnémonique ou l'art de la mémoire, s'est naturellement présentée à quelques imaginations. Jean-Henri Dobel, dans son *Collegium mnemonicum ou Révolutions d'un nouveau secret de l'art de la pensée* (en allemand, *Hambourg*, 1707, 4°), a travaillé en ce sens. Il désigne par les numéros 1 à 23 chacune des lettres de l'alphabet ; il traduit ainsi en chiffres chaque phrase contenue dans la dépêche qu'on veut rendre secrète. Enfin, il transforme ces chiffres en mots que donne sa mnémonique chiffrée. Il écrit ces mots tout au long. Il arrive ainsi à des séries de mots latins qui n'offrent aucun sens en apparence.

Dobel représente, dans ses procédés de mnémonique, les chiffres, par des consonnes ; ainsi 1 = b, p, w ; 2 = c, k, q, x ; 3 = f ou v ; 4 = g ou j ; 5 = l ; 6 = m ; 7 = n ; 8 = r ; 9 = s ; 0 = d ou t. Veut-il exprimer mnémoniquement ces chiffres, il prend des mots latins dans lesquels se rencontrent les consonnes qui correspondent aux chiffres en question. C'est ainsi que le nombre 567 aura pour expression les lettres *l m n*, et pour représenter ces lettres, il a recours aux mots : *limen, lumen, lamina, columen.*

Ce procédé exige beaucoup de temps, de peine et de papier. Une page entière d'écriture chiffrée est nécessaire pour exprimer quelques lignes de la dépêche qu'il s'agit de transmettre. Ces inconvénients sont cause qu'on n'a peut-être jamais fait usage de cette méthode mnémonique, qui est, d'ailleurs, il faut en convenir, une de celles dont l'interprétation présenterait le plus de difficultés.

§ XII.

Correspondance au moyen d'un jeu de cartes.

Il faut avoir un jeu de cartes et disposer toutes les figures dans un ordre quelconque dont on sera convenu avec son correspondant. On doit également déterminer l'ordre du mélange qui doit se faire de ces cartes.

Ces deux choses ayant été réglées, vous écrivez, comme d'ordinaire, votre lettre sur une feuille de papier, et, arrangeant ensuite le jeu de cartes dans l'ordre dont vous êtes convenu, vous les mêlez et vous tracez sur chacune d'elles, en commençant par la première qui se trouve alors dessus le jeu, successivement toutes les lettres qui composent ce qui a été écrit sur le papier; lorsque vous avez placé une lettre sur chacune de ces cartes, vous les mêlez de nouveau, toujours dans le même ordre et sans y rien changer, et vous continuez de placer de même toutes les lettres qui suivent; vous reitérez cette opération jusqu'à ce que vous ayez transcrit toutes les lettres qui composent ce que vous voulez mander. Ayez l'attention de mettre un point après chacune des lettres qui terminent un mot, afin d'indiquer la séparation de tous les mots.

Supposons qu'on soit convenu de se servir d'un jeu de piquet de trente-deux cartes, disposé dans l'ordre qui suit, et de mêler ce jeu, en mettant alternativement à chaque mélange trois cartes au-dessus des trois premières et trois au-dessous. Le jeu étant remis dans son premier état, chaque carte sera chargée des lettres ci-après.

On suppose que la lettre chiffrée contient la phrase suivante :

« Je connais trop, monsieur, l'intérêt
« que vous prenez à tout ce qui peut
« augmenter ma félicité, pour retarder
« plus longtemps à vous confier le dessein
« que j'ai formé de m'unir par les liens
« les plus sacrés à la famille de... »

ORDRE DES CARTES convenu entre ceux qui s'écrivent.	LETTRES DE LA PHRASE ci-dessus, dans l'ordre où elles doivent se trouver sur chacune des cartes.					
Mélange,	1	2	3	4	5	6
as de pique,	n	r	t	i	l	e
dix de carreau,	s	e	a	n	u	r
huit de cœur,	i	n	r	q	s	e

ORDRE DES CARTES convenu entre ceux qui s'écrivent.	LETTRES DE LA PHRASE ci-dessus, dans l'ordre où elles doivent se trouver sur chacune des cartes.					
roi de pique,	p	p	a	n	n	é
neuf de trèfle,	m	e	f	f	s	s
sept de carreau,	o	u	e	i	l	a
neuf de carreau,	e	t	s	t	t	l
as de trèfle,	u	a	l	e	e	a
valet de cœur,	r	u	v	m	s	f
sept de pique,	t	e	i	s	n	a
dix de trèfle,	r	s	t	c	l	m
dix de cœur,	o	a.	e.	o	r.	i
dame de pique,	l	u	p	s	m.	l
huit de carreau,	i	s.	o	s	c.	l
huit de trèfle,	n	p	u	o	d	e.
sept de cœur,	v	q	p	a	f	d
dame de trèfle,	t	u	l	e.	o	e.
neuf de pique,	s.	i.	u	j	r.	etc
roi de cœur,	t	g	e	e	c.	
dame de carreau,	e	m	r.	r.	m	
huit de pique,	r	c	m	l	u	
valet de trèfle,	o	t	d	p.	p	
sept de trèfle,	n	o	e	s.	a	
as de cœur,	n	a	r.	a.	r.	
neuf de cœur,	c	e.	r.	v	l	
as de carreau,	s	o	r	o	i	
valet de pique,	t.	o	c	u	e	
dix de pique,	J.	t.	l	e.	e	
roi de carreau,	e	c	i	d	s	
dame de cœur,	c	e.	c	e	p	
roi de trèfle,	q	n	n	a	s	
valet de carreau,	n	t	g	y.	a	

Toutes les lettres qui composent les mots de la dépêche qu'on veut chiffrer ayant été séparément transcrites sur ces trente-deux cartes, comme il vient d'être indiqué, vous mêlerez indistinctement ce jeu de cartes, et vous l'enverrez à votre correspondant.

Manière de lire.

Celui qui reçoit ce jeu de cartes le dispose d'abord (eu égard à la figure des cartes) dans l'ordre qui a été convenu ; il en fait un premier mélange, et transcrit successivement et de suite toutes les lettres qui se trouvent les premières en tête de chacune de ces trente-deux cartes, en ayant bien attention de ne pas les déranger de leur ordre; après quoi, il les mêle de nouveau et recommence cette même opération jusqu'à ce que toutes les lettres soient transcrites : ces lettres forment naturellement le discours contenu dans la dépêche en chiffres.

Une précaution qui n'est pas à dédaigner consiste à écrire en encre sympathique les caractères tracés sur ces cartes; si elles viennent à tomber entre des mains indiscrètes, rien n'indique l'existence du secret qui leur a été confié.

§ XIII.

De l'emploi des lettres nulles, afin de cacher le sens d'une dépêche.

On écrit *en clair* la dépêche qu'on veut transmettre, mais on y mêle des mots et des syllabes de façon à obtenir une suite de mots étrangers n'appartenant à aucune langue et qui ne présentent aucun sens. On partage les mots composés de plusieurs syllabes, et d'un mot on en fait plusieurs, en ajoutant des lettres que le déchiffreur regarde comme *nulles*.

Voici un passage emprunté à la *Germanie* de Tacite et écrit d'après un pareil système.

Dans la première ligne, les trois premiers mots : *Lampsi deso saleu*, et le dernier : *nous*, sont nuls.

Dans chacune des lignes suivantes, le premier et le dernier mot le sont également.

Dans chacun des autres mots placés dans ces diverses lignes, la première et la dernière lettre sont nulles. Il va sans dire que le choix des syllabes et des lettres affectées de nullité est parfaitement indifférent.

Ceci posé, on peut écrire la phrase suivante. Nous mettons en italique, pour plus de clarté, les lettres qu'il faut conserver ; mais, dans la dépêche chiffrée, rien ne doit distinguer ce qui est valable et ce qui est ajouté.

Lampsi deso saleu e*reges*u s*ex*a a*nobi*o nous
futher c*litate*s u*duces*n t*ex*t s*uirtute*y ai
ma t*sumunt*a. o*nec*t g*regi*o a*bus*o s*infini*c
et
yes a*la*s s*au*ta a*libe*i s*tra*t s*potes*o e*las*i,
par

là *seta sducesi* sexcma oplos *spoliusi* sind mio *squame simpet striop* asio *opromptuim* que
to *esit econspil acuiz*. osim *santer sasis* do le *semo saguntu sadmio eratiox anes spraet* y
allos *osunty* dorche.

Le passage de Tacite se trouve ainsi très-clairement énoncé :

Reges ex nobilitate, duces ex virtute sumunt. Nec regibus infinita aut libera potestas, et duces potius quam imperio si promptui, si conspicui, si ante aciem agunt, admiratione præsunt.

Comme il serait fort long d'écrire en tête et à la fin de chaque ligne un grand nombre de mots *nuls*, on simplifie de diverses manières le système que nous venons d'indiquer.

On entremêle, aux mots de l'avis qu'on veut transmettre, des lettres prises au hasard, de façon, par exemple, que chaque lettre vraie est précédée de deux lettres fausses. Pour écrire *nemo est domi* (personne n'est à la maison), vous mettrez :

exnpterkmbdo vnecssmjt llbdkuophmcui,

Ou bien on mêle aux mots certaines syllabes qui n'ont aucun sens. Pour dire : *Pater meus non est domi*, vous mettrez : *Pabateber mebeubus nobon ebest dolomibi*. *Fababribicabatober* voudra dire : *Fabricator*.

Un procédé du même genre consiste à renverser les mots de l'avis à transmettre, c'est-à-dire à les inscrire de droite à gauche, en mettant au commencement et à la fin de chacun deux lettres qui ne signifient rien ; d'après cette méthode, pour écrire : « l'armée est battue, » on pourra mettre : nbeemralxd vetsejb iqeuttabkf.

Tout ceci, on le comprend de reste, est susceptible de modifications très-nombreuses; mais il faut reconnaître également qu'un déchiffreur, ayant de l'expérience et bien versé dans les mystères de la Cryptographie, n'aurait pas beaucoup de peine pour découvrir les secrets cachés sous un pareil voile.

§ XIV.

De la stéganométrographie.

Ce procédé est décrit en détail dans un ouvrage publié par Mathias Uken, en 1751. Donnons une idée de ce chiffre, qu'on peut regarder à juste titre comme un de ceux dont il serait le plus difficile de trouver la clef.

Vous écrivez en caractères ordinaires l'avis que vous voulez transmettre en secret, et vous placez sous chaque lettre un chiffre, en ayant soin de faire suivre les numéros dans l'ordre habituel.

Supposons que vous voulez mander la nouvelle de la mort de l'empereur d'Allemague, nouvelle que vous exprimez en latin.

HERI OBIIT
1234 56789

C A R O L U S A U G U S T U S
10.11.12.13.14.15.16.17.18.19.20.21.22.23.24.

I M P E R A T O R .
25.26.27.28.29.30.31.32.33

Vous vous êtes muni d'un certain nombre de tableaux numérotés; chacun d'eux porte les vingt-quatre lettres de l'alphabet, de A à Z, et, à côté de chaque lettre se trouve inscrit la moitié d'un vers pentamètre ou hexamètre. Les tableaux pairs contiennent les premiers hémistiches, les tableaux impairs les seconds; de sorte qu'en réunissant les tableaux 1 et 2, 3 et 4, 5 et 6, on obtient les vers entiers. En voici un exemple :

Tableau 1.		*Tableau* 2.	
a	Ne mora te teneat	a	chartæ perfringere gemmam.
b	Ne cunctare precor	b	sua vincula demere chartæ.

h Ne dedigneris	**e** peregrinam evolvere chartam.
Tableau 3.	*Tableau* 4.
r A tibi dilectis	**i** credi venere plagis.
Tableau 5.	*Tableau* 6.
o Non tibi damniferos	**h** depinget epistola casus.
Tableau 7.	*Tableau* 8.
l Lætitias mentis	**i** demat ut illa.

Cherchez dans le premier tableau l'hémistiche qui correspond à la lettre H et dans le second celui qui est placé à côté de la lettre E ; voyez dans le troisième tableau quelle moitié de vers correspond à la lettre R, et, dans le quatrième, examinez ce que vous donne I. En écrivant à la place de chaque lettre l'hémistiche qui lui correspond, vous exprimerez le mot *Heri* de la manière suivante :

Ne dedigneris peregrinam evolvere chartam,
A tibi dilectis, credi venire plagis.

En suivant ce même procédé, vous compléterez facilement votre dépêche.

Il convient de se servir d'un assez grand nombre de tableaux, afin de ne pas se trouver dans le cas de répéter les mêmes vers, si la dépêche est un peu longue. Uken a pris la peine de dresser quarante-quatre tableaux qui contiennent 656 hémistiches et qui offrent ainsi le moyen de chiffrer un avis composé de ce nombre de lettres.

Le déchiffrement est facile pour votre correspondant. Il prend ses tableaux, lesquels doivent, cela va sans dire, présenter la reproduction textuelle des vôtres; il cherche quelle est la lettre qui correspond à chaque hémistiche, et, en écrivant successivement ces lettres, il est promptement au fait de ce que vous lui demandez.

On voit que la stéganométrographie est pour les non initiés une énigme dont le mot est introuvable; mais elle a l'inconvénient de prendre beaucoup de temps et d'exiger des écritures considérables, puisque chaque lettre de l'avis à transmettre se trouve, dans la dépêche chiffrée, exprimée par plusieurs mots.

§ XV.

Chiffre formé par un système de lettres et de points.

J. H. à Sunde, dans sa *Steganologia*, indique un chiffre assez ingénieux, qui consiste dans l'emploi combiné des lettres et des points. Les lettres sont réunies deux à deux, et, au-dessous de chaque groupe, on place un système variable de points. La chose se dispose de la sorte :

ae io ub cd fg hk lm np qr st vy xz

Au lieu de la lettre *a* dans la dépêche à chiffrer, on place *e* avec un point devant; au lieu de l'*e* on écrit *a*, en plaçant cette fois le point après; au lieu du *d* on écrit un *c*, que précèdent quatre points disposés en carré; ainsi de suite. De cette façon, le mot *amen* se trouve exprimé par les lettres et les points qui suivent :

el ⁝ a. ∴ p

et le mot *Rhin* se chiffre de la sorte :

q ·∴· : K. o ∴ p

§ XVI.

De la substitution des lettres les unes aux autres, d'après un système compliqué.

Il est un système de cryptographie qui consiste simplement à remplacer les lettres de la dépêche par d'autres lettres rangées d'après un ordre convenu. L'opération est longue, mais on obtient ainsi la presque certitude d'échapper aux investigations, car le grand nombre de combinaisons dont un pareil procédé est susceptible rend la découverte de ce secret extrêmement difficile.

Supposons qu'on se soit mis d'accord pour ranger les chiffres 1 à 10 dans l'ordre suivant :

1	2	3	4	5	6	7	8	9	10
4.	7.	2.	9.	1.	10.	5.	3.	6.	8.

il faut alors que la première lettre de la vraie dépèche soit, dans l'écrit chiffré, remplacée par la quatrième lettre de cette même dépêche ; la seconde, par la septième ; la troisième, par la seconde ; la quatrième, par la neuvième; ainsi de suite.

On range par décade ou dizaine les mots de la dépèche à chiffrer.

Supposons qu'on veuille mander :

« Le roi de Hanovre est très-malade, et il ne peut vivre longtemps. »

On raisonnera de la sorte :

La première lettre de la dépèche, *l*, correspond à la quatrième, *o*; la seconde, *e*, à la quatrième, *h*; la troisième, *r*, à la seconde, *e*; la quatrième, *o*, à la neuvième, *n*, etc. On écrira en conséquence les lettres qui forment successivement la dépêche chiffrée.

A la seconde dizaine, on procède de même; la correspondance des lettres se trouve toute nouvelle.

Voici comment les vingt premières lettres de la phrase prise pour exemple se trouveraient chiffrées :

ohenloirJaetrevsstre

Il importe de ne placer aucun point, aucun signe, qui indique la séparation des mots ou la fin des dizaines ; on peut très-bien, d'ailleurs, au lieu de se borner à opérer sur dix lettres, étendre à vingt ou à trente lettres ce système de remplacement. On peut aussi, à chaque division nouvelle, employer pour les chiffres un ordre différent, sur lequel on se sera mis d'accord. De cette manière, on rendra le problème plus que jamais insoluble pour les non initiés; mais il faut reconnaître que cette méthode prend du temps, et qu'à moins d'une aptention fort soutenue on est exposé, en chiffrant de la sorte, à commettre bien des erreurs.

§ XVII.

Chiffre inventé par Hermann.

Un professeur allemand, Hermann, se vanta, en 1752, d'avoir inventé un chiffre absolument indéchiffrable ; il mit tous les mathématiciens de l'Europe et toutes les sociétés savantes au défi d'en découvrir la clef. Un réfugié français, Beguelin, fut assez habile ou assez bien inspiré pour la trouver dans l'espace de huit jours, et il publia les détails de sa découverte dans les *Mémoires de l'Académie de Berlin*, 1758.

Le chiffre d'Hermann se compose de 25 caractères différents et des neuf chiffres de l'arithmétique, de 1 à 9. A chacun de ces caractères répond immédiatement au-dessous une lettre de l'alphabet, et chaque mot est séparé du suivant par un point. Plusieurs de ces caractères en ont un autre immédiatement au-dessus d'eux, et ces caractères supérieurs sont en partie les mêmes que les inférieurs; quelques autres signes, qui ne consistent qu'en points ou en simples lignes, paraissent affectés à la rangée supérieure et ne se rencontrent nulle part dans l'inférieure.

Après bien des tâtonnements et des vérifications, Beguelin reconnut que le chiffre sur lequel il opérait était soumis à trois lois particulières :

1° Tout caractère initial inférieur dont la valeur est au-dessus de 9 conserve sa valeur constante;

2° Tout caractère initial inférieur dont la valeur affirmative est au-dessous de 10 vaut, dans cette place, le double de sa valeur ordinaire.

3° Tout caractère initial inférieur dont

la valeur négative est au-dessous de 10 vaut, dans cette place, le double de sa valeur ordinaire; plus une unité.

Diverseslois particulières découlaient de ces lois générales :

4° Le caractère supérieur initial conserve toujours sa valeur ordinaire ;

5° Le caractère supérieur ne sert qu'à déterminer par sa valeur la lettre placée immédiatement au-dessous et nullement celle qui suivra à droite, à moins que le caractère inférieur ne soit zéro;

6° Lorsqu'au milieu d'un mot il y a un signe ou un caractère supérieur, ne fût-ce qu'un point, comme on a alors déjà deux valeurs requises pour déterminer la lettre, on ne joint pas celle du caractère qui précède à gauche;

7° Un point placé sur un caractère qui n'est pas un chiffre arithmétique augmente toujours sa valeur d'une unité;

8° Un point placé dans la figure d'un tel caractère le rend simplement négatif, sans rien ajouter ni diminuer à sa valeur;

9° Une valeur négative ou soustractive n'est telle que relativement au caractère qui précède; toute valeur est affirmative ou additive par rapport au caractère suivant. De là vient que l'initiale inférieure est toujours affirmative, quoique le caractère soit négatif;

10° Comme les lettres répondent à des nombres affirmatifs, la différence entre deux caractères, dont l'un est négatif, est toujours censée affirmative, quoique la valeur du caractère négatif soit la plus grande;

11° Lorsque le caractère à gauche est zéro, il faut ajouter la valeur du caractère qui précède le zéro.

Tout cela était assez ingénieux, mais l'accumulation de ces lois rend un pareil chiffre d'un usage bien peu commode. Il y a de la bizarrerie dans la détermination de la valeur des lettres alphabétiques; et la multiplicité des règles, jointe aux divers usages d'un même signe, donnerait certainement lieu dans la pratique à bien des fautes d'inadvertance.

Hermann eut tort d'annoncer son invention d'une manière emphatique; il n'est guère de chiffre dont on ne puisse venir à bout, dès que l'on en connaît la langue et que les mots sont distingués; à plus forte raison laissent-ils échapper leur secret lorsqu'on n'a pas eu le soin d'éviter le retour des mêmes signes pour exprimer la même lettre. Le chiffre du professeur allemand roulait sur des valeurs numéraires; il ne devait donc y entrer aucun chiffre arabe, ou du moins ceux-ci ne devaient pas y conserver leur valeur connue.

Donnons maintenant un exemple de la façon dont se présentait le chiffre en question; la phrase en langue allemande qu'Hermann avait déguisée au moyen de sa méthode signifie dans une traduction mot à mot et interlinéaire : « La orientale science, au lieu des lettres, avec nombres et caractères, d'écrire. »

Die orientalische Wissenschaft, anstatt der Buchstaben, mit Zahl und Caractern zu schreiben.

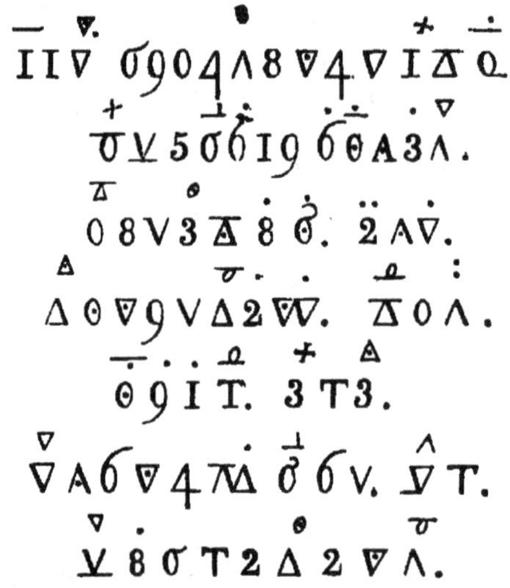

[1] Voir la planche IX, à la fin du volume de

Il n'a jamais été fait usage de ce chiffre, et il est demeuré dans le domaine des théories imaginées à plaisir. En le perfectionnant, en évitant les erreurs qu'avait commises Hermann et qui mirent l'interprète sur la voie de sa découverte, on pourrait encore obtenir, sinon un chiffre radicalement inexpugnable (le mot *impossible* ne doit pas être admis en cryptographie), du moins on en aurait un qui présenterait les difficultés les plus formidables; mais une pareille méthode resterait toujours un simple objet de curiosité, car elle serait trop compliquée pour que la diplomatie en fît usage.

§ XVIII.

De l'emploi des notes de musique.

Ce système de cryptographie repose sur

l'Histoire de l'Académie des sciences et belles-lettres de Berlin en 1758.

le même principe que celui dont la description se trouve dans la IXe section de ce chapitre. Vous décrivez sur un carré de carton un cadran divisé en vingt-quatre parties égales, et dans chacune d'elles vous transcrivez une des lettres de l'alphabet. Un autre cadran mobile, sur un point central et concentrique au premier, est divisé de même en un pareil nombre de parties égales. Il est réglé circulairement, comme un papier de musique. Vous marquez, dans chacune de ces divisions, des notes de musique différentes les unes des autres. Vous n'oublierez pas de tracer les trois clefs de la musique dans l'intérieur du cadran, et autour de ses divisions les divers chiffres dont les compositeurs font usage pour exprimer les divers temps ou mesures.

Vous fixez une des divisions quelconques du cadran extérieur, de manière qu'elle se trouve vis-à-vis de celle du cadran intérieur; chaque lettre du premier cadran répond à une note placée sur le second.

Prenez ensuite une feuille de papier réglé tel que celui dont on fait usage pour noter la musique ; et, après avoir disposé vos deux cadrans, placez, en tête de la première ligne de votre dépêche, celle des trois clefs qui correspond aux mesures indiquées; ceci sert de règle à votre correspondant, afin qu'il dispose de la même façon, avant d'entreprendre le déchiffrement, le cadran qu'il a devant lui. Transcrivez sur le papier réglé la note qui, sur le cadran intérieur, répond aux lettres dont sont composés les mots de l'avis qu'il s'agit de transmettre. Votre correspondant, instruit, par la clef de la musique et par le chiffre qui désigne la mesure, de l'arrangement qu'il doit donner à ses cadrans, substituera, en place de chaque note, la consonne ou voyelle qui lui correspond.

En changeant de clef à plusieurs reprises, on rend le déchiffrement plus difficile pour les personnes qui n'ont pas le cadran cryptographique. Changer de clef, c'est disposer le cadran de façon qu'une des trois clefs de la musique réponde à un temps ou mouvement différent; ce qui peut s'effectuer à plusieurs reprises dans la même lettre et ce qu'on indique de la manière ci-dessus signalée.

CHAPITRE IV.

DES DIVERSES SORTES D'ÉCRITURE ET DES DIFFÉRENTS LANGAGES DE CONVENTION QUI SE RATTACHENT A LA CORRESPONDANCE OCCULTE.

§ Ier.

Okygraphie.

M. H. Blanc, sous-chef du bureau de l'instruction publique à la préfecture de la Seine, a proposé une écriture chiffrée de son invention, dans un livre intitulé :

Okygraphie, ou l'art de fixer par écrit tous les sons de la parole avec autant de facilité, de promptitude et de clarté que la bouche les exprime. Nouvelle méthode applicable à tous les idiomes, pré-

sentant des moyens aussi vastes, aussi sûrs que nouveaux d'entretenir une correspondance secrète dont les chiffres seront absolument indéchiffrables. Paris, 1802, *in*-12.

Les signes qu'emploie cette méthode sont beaucoup plus simples que ceux de l'alphabet ordinaire. Ils se réduisent à trois : *ι*, *ċ*, *ɔ*. On les écrit sur du papier réglé dans le genre de celui qui sert à la musique, mais avec la différence que les lignes rangées à côté les unes des autres sont au nombre de quatre seulement. Les trois signes indiquent leur signification, de même que les notes de musique, d'après la position qui leur est assignée sur les lignes, et, pour chaque signe, cette position peut se combiner de huit manières différentes. On obtient ainsi les vingt-quatre lettres de l'alphabet, qu'on simplifie d'ailleurs en écrivant les mots tels qu'ils se prononcent.

En combinant les signes de l'Okygraphie, en se mettant d'accord à l'avance sur le sens qu'il faut attacher à chacun d'eux placé de telle ou telle manière, en ayant recours aux non-valeurs et aux divers stratagèmes bien connus des cryptographes, on peut arriver sans peine à former un chiffre dont le mystère restera complétement impénétrable. M. Blanc donne, par exemple, huit alphabets divers qu'il a formés selon sa méthode, laquelle est susceptible d'en fournir une quantité infinie.

L'attention de M. de Talleyrand, alors ministre des affaires étrangères, fut appelée sur l'avantage qu'offrirait l'Okygraphie pour la correspondance secrète des ambassades ; M. Blanc nous fait savoir qu'il reçut une lettre très-flatteuse signée de Son Excellence ; cette lettre rendait justice au mérite de l'Okygraphie, mais elle ajoutait que, dans les bureaux et dans les légations, on était habitué, de longue date, à des méthodes qui paraissaient satisfaisantes, et qu'il n'y avait guère moyen d'y introduire l'emploi de procédés tout nouveaux.

§ II.

Pasigraphie.

Ce mot se compose de deux mots grecs, πασι, *à tous*, γραφω, *j'écris*. Ecrire même à ceux dont on ignore la langue, au moyen d'une écriture qui soit l'image de la pensée que chacun rend par différentes syllabes, c'est ce qu'on nomme *Pasigraphie*.

Deux personnes, appartenant à deux pays différents et à deux langues differentes, ne savent chacûne que leur idiome; elles apprennent à le pasigraphier; dès lors, ce que l'une écrit dans sa langue, l'autre l'entend dans la sienne. Adaptez cette méthode à plusieurs langues, le même écrit, le même imprimé sera lu en autant de langues, comme les chiffres de l'arithmétique, les signes de la chimie et les notes de la musique sont également intelligibles pour tout le monde, de Cadix à Stockholm, de Boston à Calcutta.

M. de Maimieux est un des auteurs qui se sont le plus occupés de Pasigraphie; dans le procédé qu'il emploie, il fait usage de douze caractères; nous les reproduisons ici :

- ~ χ ʈ c є э ɔ ɤ λ ✗ /.

Il serait très-long et d'un faible intérêt d'expliquer ici comment, grâce à l'emploi de ces signes, il y aurait moyen de créer une écriture universelle qui serait entendue de tous les peuples. M. de Maimieux exprime lui-même en ces termes l'idée qui sert de base à sa méthode.

« Le principal fondement de l'art pasi-
« graphique est dans le moyen de substi-
« tuer le signe de la place des mots aux
« syllabes dont toutes les langues compo-
« sent leurs mots. Ces syllabes différen

« d'un idiome à l'autre, par l'effet de con-
« ventions locales qu'un étranger ne peut
« connaître qu'après beaucoup d'études et
« un long usage. Chaque mot présente
« des particularités qu'il faut savoir pour
« bien posséder une langue, soumise, d'ail-
« leurs, à des règles très-nombreuses, peu
« fixes, souvent contradictoires et noyées
« dans un océan d'exceptions. La place
« du mot pasigraphié demeurant la même
« pour tous les peuples, ceux-ci s'enten-
« dent facilement, puisque les signes de
« la place du mot, devenus le corps du
« mot, restent les mêmes, de quelques
« lettres que soit formé le mot placé dans
« la ligne, si d'ailleurs la méthode est ré-
« duite à douze signes qui n'éprouvent au-
« cune exception. »

Les signes de la Pasigraphie peuvent être employés dans l'écriture en chiffres. Parmi les écrivains qui se sont occupés du problème de la langue universelle, les uns, comme M. de Maimieux, ne font usage que d'un petit nombre de caractères; d'autres (Becker, notamment, dans sa *Notitia linguæ universalis*) ont recours à une foule de signes qui rappellent un peu les notes tironiennes et qui se composent de lignes droites ou courbes, combinées de diverses manières et de façon que chaque signe exprime un mot et une idée. L'emploi d'un pareil système serait évidemment entouré de difficultés multipliées; l'application à la Cryptographie de signes aussi peu connus n'offrirait que de bien minces avantages; aussi, dans la pratique, n'a-t-on jamais songé à y recourir.

§ III.

Hiéroglyphes.

Nous ne saurions oublier ici divers symboles, dont l'antiquité fit usage, afin d'énoncer des préceptes, des leçons, des faits qui demeuraient lettre close pour le vulgaire et dont l'érudition moderne s'efforce de retrouver la clef perdue depuis bien des siècles.

Parmi les différents systèmes d'écriture mis en usage dans le but d'exprimer ces idées qui restaient un mystère pour les non initiés, les fameux hiéroglyphes de l'ancienne Égypte tiennent le premier rang.

Diodore de Sicile, au livre III de sa *Bibliothèque historique*, parle des caractères hiéroglyphiques employés par les Égyptiens. Après avoir dit que ces caractères offrent à nos yeux des animaux de tout genre, des parties du corps humain, des ustensiles, des instruments, principalement ceux dont font usage les artisans, il expose dans les termes suivants les motifs qui leur ont fait donner ces formes : « Ce n'est point, en effet, par l'assemblage des syllabes que chez eux l'écriture exprime le discours, mais c'est au moyen de la figure des objets retracés et par une interprétation métaphorique basée sur l'exercice de la mémoire. »

Le témoignage de cet historien grec est confirmé par celui d'un historien latin : Ammien Marcellin constate que, « chez les « anciens Égyptiens, chaque lettre repré« sentait un mot et quelquefois même « une phrase entière. »

Vers la fin du second siècle, saint Clément d'Alexandrie, parlant des voiles mystérieux dont on s'est plu souvent à entourer la science pour n'en permettre l'abord qu'aux initiés, observe qu'on ne pouvait atteindre que par des degrés successifs le terme le plus élevé de l'instruction, qui était la science des hiéroglyphes.

Trois sortes d'écritures ont été connues des anciens Égyptiens. Les hiéroglyphes, qui représentent fidèlement des objets de la nature et des produits de l'art, ont été regardés comme symboliques; Champollion a fini par ne plus voir, dans ces signes, que des caractères idéographiques; et, sans entrer ici dans une discussion qui aurait le double tort d'être très-longue et de nous éloigner beaucoup du sujet que nous avons en vue, nous ferons remarquer que, quel que soit l'éclat des ingénieuses découvertes du savant illustre que nous venons de nommer, les théories qu'il a formulées soulèvent encore, hors de la France surtout, de vives objections de la part d'érudits fort distingués.

L'écriture *hiératique* ou sacerdotale est regardée comme une tachygraphie des hiéroglyphes, et les signes vulgaires ou *démotiques*, comme une abréviation des hiératiques.

La fameuse inscription de Thèbes, la seule dont l'explication soit parvenue jusqu'à nous, exprimait, par les hiéroglyphes d'un enfant, d'un vieillard, d'un vautour, d'un poisson, d'un hippopotame, la sentence suivante : « Vous qui naissez et qui devez mourir, sachez que l'Éternel déteste l'impureté. »

Voici en quels termes M. Champollion Figeac, le frère du célèbre créateur des études égyptiennes, résume les notions les plus généralement reçues au sujet des hiéroglyphes : « L'écriture hiéroglyphique, « proprement dite, se compose de signes « représentant des objets du monde phy- « sique, animaux, plantes, arbres, figures « de géométrie, etc. ; le tracé est parfois « simplement linéaire; quelquefois il est « entièrement terminé et même colorié. « Le nombre de ces signes est d'environ « huit cents.

« L'écriture hiératique est une véritable « *tachygraphie* de la précédente. Comme « les signes hiéroglyphiques ne pouvaient « être convenablement tracés que par des

« personnes exercées dans l'art du dessin, « on créa un système d'écriture abrégée « dont les signes étaient d'une exécution « facile, système qui n'eut d'ailleurs rien « d'arbitraire. Chaque signe hiératique fut « un abrégé du signe hiéroglyphique ; au « lieu de la figure entière du lion couché, « par exemple, on traça l'esquisse d'une « partie de son corps, et cet abrégé du « lion conserva, dans l'écriture, la même « valeur que la figure entière. »

Dans des pays très-éloignés des rives du Nil, on trouve une écriture hiéroglyphique, qui offre, à certains égards, des analogies remarquables avec les procédés des Égyptiens. Les Mexicains, avant la conquête des Espagnols, avaient également recours à des figures d'hommes, d'animaux, etc., pour énoncer leurs idées.

Les noms des villes de Meacuilxochitl. Quauhtinchan et Tchuilojocan signifient *cinq fleurs*, *maison de l'aigle* et *lieu des miroirs*. Pour indiquer ces trois villes, on peignait une fleur placée sur cinq points, une maison de laquelle sortait la tête d'un aigle, et un miroir d'obsidienne.

Divers manuscrits hiéroglyphiques mexicains ont échappé à la destruction, et ils figurent parmi les objets les plus précieux que possèdent les grandes bibliothèques de l'Europe. M. de Humboldt en a copié quelques pages dans son bel ouvrage intitulé : *Vue des Cordillères* (Paris, 1819, 2 vol. in-8°). Une magnifique publication spéciale, faite aux frais d'un riche Anglais, a reproduit tout ce qui subsiste en ce genre. Voir les *Antiquities of Mexico comprising feu-similes of ancient mexican paintings and hieroglyphics, by lord Kingsborough* (London, 1831, 9 vol. in-fol.). Cet ouvrage a coûté à son auteur plus de 25,000 livres sterling (un million). Il en est rendu compte dans le *Bulletin des Sciences historiques*, publié par M. de Férussac, t. XVII, p. 63, et dans la *Revue encyclopédique*, t. XLIX, p. 148.

Ce n'était pas, d'ailleurs, au Mexique seulement qu'on avait recours à pareilles images.

Les indigènes de la Virginie avaient des peintures appelées *Sagkokok*, qui représentaient, par des caractères symboliques, les événements qui s'étaient accomplis dans l'espace de soixante ans ; c'étaient de grandes roues divisées en soixante rayons ou en autant de parties égales. Lederer (*Journal des Savants*, 1681, p. 75) rapporte avoir vu dans le village de Pommacomck un de ces cycles hiéroglyphiques, dans lequel l'époque de l'arrivée des blancs sur les côtes de la Virginie était marquée par la figure d'un cygne vomissant du feu, pour indiquer à la fois la valeur des Européens, leur arrivée par eau et le mal que leurs armes à feu avaient fait aux hommes rouges

§ IV.

Langage au moyen des gestes.

Le langage au moyen des gestes peut être regardé comme formant l'une des branches de la Cryptographie; il permet à celui qui l'emploie de faire connaître ses idées d'une manière qui échappe aux personnes qui ne sont pas au fait de pareils secrets. Les anciens connaissaient cet art. Un écrivain grec, Nicolas de Smyrne, a laissé un petit traité, intitulé : *De numerorum notatione per gestum digitorum* (Paris, 1614, in-8°); cet opuscule est devenu très-rare, mais il a été réimprimé dans des recueils publiés par Possin et par Fabricius, et plus récemment dans les *Eclogæ physicæ* de Schneider. Les Romains portèrent au plus haut degré les ressources de la pantomime, et l'on trouve, chez Pétrone, l'expression de *manus loquaces*.

Au huitième siècle, Bède le Vénérable, célèbre religieux anglais que l'estime publique a placé presque au rang des Pères de l'Église, écrivit un traité *De loquela per gestum digitorum*, traité qui est compris dans le volumineux recueil de ses œuvres[1].

Tous les lecteurs de Rabelais se rappellent de quelle façon Panurge fit *quinault l'Angloys qui arguoyt par signes*.

D'après un mémoire d'H. Dunbar, inséré dans les *Actes de la Société philosophique de l'Amérique du Nord*, il se rencontre, parmi les nombreuses tribus indiennes répandues le long du Mississipi, des individus qui savent tirer un parti ad-

[1] Tome Ier de l'édition de Cologne, 1688, 8 vol. in-folio. Bède s'appuie sur l'autorité de Plutarque, de Pline, d'Apulée, de Juvénal, pour prouver que l'art dont il s'occupe d'énoncer les règles était connu des anciens.

mirable des ressources de la pantomime pour exprimer leurs idées. Malgré la diversité des langues en usage chez ces peuplades belliqueuses, ils n'ont jamais besoin d'interprètes, et ils réussissent toujours à se faire comprendre sans avoir à prononcer un seul mot, tant leurs gestes, exécutés d'après un système universellement adopté, sont pleins d'énergie, de netteté et d'à-propos.

Nous sortirions des limites de notre sujet, si nous parlions ici du langage manuel en usage parmi les sourds-muets. Nous nous contenterons de mentionner un alphabet qu'on peut appeler *alphabet facial*.

M. Berlin, dans son *Système universel et complet de sténographie* (Paris, an XII), fait connaître un alphabet de son invention, d'après lequel la position des doigts sur le visage sert à transmettre tout ce qu'on veut faire savoir. Il laisse de côté les voyelles isolées *o* et *u*, et il exprime par un même signe les lettres telles que *g* et *j*, *q* et *k*, qui donnent des sons à peu près identiques.

Lettres.	*Traits physionomiques.*
b	Doigt placé diagonalement sous l'œil droit et en regard du nez.
d	» sur le coin droit de la bouche.
F V	» sur le coin gauche.
G J	» sur la joue gauche.
h	» au sommet de la tête.
K Q	» sur la lèvre supérieure.
l	» placé diagonalement sur l'œil gauche.
m	» sur la bouche.
n	» sur la lèvre inférieure.
p	» sur la fossette du menton.
r	Bouche ouverte.
s	Doigt couché horizontalement sur l'intervalle des lèvres.
t	» sur le nez.
x	» au cou.
y	» à l'intervalle des sourcils.
on	» au front.
ou	» perpendiculairement sous l'oreille droite.

oui	l'oigt horizontalement près de l'oreille gauche.
au	» à l'aile droite du nez.
eu	» au sourcil droit.
ai	» à l'aile gauche du nez.
a	» au sourcil gauche.
i	» à la tempe droite.
e	» à la tempe gauche.
le, la, les,	» placé verticalement devant la figure.
nom d'homme,	main ouverte.
fin de mot,	doigt fermé.
fin de phrase,	main fermée.
numération sténographique,	emploi du pouce au lieu du doigt.

On emploie deux doigts à la fois pour exprimer une lettre qui se répète.

Si l'on veut aller plus vite, on emploie encore deux doigts à la fois, en ayant soin de convenir que le pouce est la première, et l'index la seconde.

Vigenère a fait très-succinctement mention de cette méthode, lorsqu'il dit un mot en passant de « l'entreparler tacitement par les doigts en les élevant ou les plaquant sur la bouche ou sur l'un des yeux. »

§ V.

Langage des fleurs.

C'est dans les sérails que l'art ingénieux de correspondre avec des fleurs a pris naissance; il fait partie des mœurs orientales. « Les Chinois, dit un écrivain ingénieux, ont un alphabet composé entièrement avec des plantes et des racines; on lit encore sur les rochers de l'Égypte les anciennes conquêtes de ces peuples exprimées avec des végétaux étrangers. Ce langage est donc aussi vieux que le monde, mais il ne saurait vieillir, car chaque printemps en renouvelle les caractères, et cependant la liberté de nos mœurs l'a relégué parmi les amusements des harems. Les belles odalisques s'en servent souvent pour se venger du tyran qui outrage et méprise leurs charmes;

une simple tige de muguet, jetée comme par hasard, va apprendre à un jeune icoglan que la sultane favorite, fatiguée d'un amour tyrannique, veut inspirer, veut partager un sentiment vif et sincère. Si on lui renvoie une rose, c'est comme si on lui disait que la raison s'oppose à ses projets, mais une tulipe au cœur noir et aux pétales enflammés lui donne l'assurance que ses désirs sont compris et partagés ; cette ingénieuse correspondance, qui ne peut jamais ni trahir ni dévoiler un secret, répand tout à coup la vie, le mouvement et l'intérêt dans ces tristes lieux qu'habitent ordinairement l'indolence et l'ennui. »

Dans un pareil langage, la rose signifie une jeune fille : blanche, elle indique la constance en amour ; jaune, elle exprime l'infidélité.

Un œillet veut dire un homme, et les couleurs diverses, les variétés d'espèce de la fleur, caractérisent cet homme au physique comme au moral.

L'étoilée exprime l'idée de père ou de mère ; si la fleur est rouge, les parents sont indulgents et bons ; si elle est violette, ils sont rigoureux et sévères. L'hyacinthe veut dire : ami ou amie.

Indiquons le sens attaché à d'autres fleurs :

oreille-d'ours,	sœur ou frère.
pensée,	veuf ou veuve.
renoncule,	soldat.
camomille,	médecin.
tubéreuse,	supérieur.
fleur d'oranger,	richesse.
violette,	patrie.
amarante,	jour.
pavot,	nuit.
cresson,	promenade.
jasmin d'Espagne,	visite.
marguerite,	demande.
pied-d'alouette,	voyage.
jasmin,	jardin.
myrte,	épouser.
romarin,	pleurer, s'affliger.
anémone,	se réjouir.
basilic,	pleurer, s'affliger.
menthe,	craindre.
muguet,	innocent, bon.

lierre,	éternel.
giroflée rouge,	aujourd'hui.
» blanche,	demain, l'avenir.
» violette,	hier, jadis, le passé.
narcisse,	je, moi.
ortie,	fidèle.
géranium,	navire, voyage par mer.
primevère,	la mort.

D'après les règles de cette langue ingénieuse, lorsqu'un jeune habitant de Constantinople ou de Smyrne veut faire parvenir ce message :

« J'irai te rendre visite, chère amie,
« demain matin de bonne heure dans le
« jardin, avec mon frère, homme de bien
« et distingué, qui t'aime, belle jeune fille,
« et qui veut t'épouser. »

Il envoie les fleurs suivantes avec des numéros d'ordre : Narcisse, jasmin d'Espagne, réséda, hyacinthe bleue, giroflée blanche, tournesol, jasmin, marjolaine, oreille-d'ours, œillet d'un brun sombre, chèvre-feuille, rose rouge, deux myosotis, myrte.

Le moyen âge n'ignora point la signification symbolique donnée aux diverses fleurs; parmi différents exemples que nous pourrions citer, nous nous bornerons à mentionner un petit vocabulaire que renferme un manuscrit conservé à la bibliothèque royale de Bruxelles; nous en reproduisons fidèlement le style suranné :

giroflée rouge,	beaulté.
giroflée blanche,	amour chaste.
marjolaine grosse,	mensonge.
marjolaine menue,	bonté.
thym,	persévérance.
thym coupé,	vous parviendrez.
fleur de thym,	à vous me donne.
laitue,	bonnes nouvelles.
lys,	foi.
rose blanche,	j'ay bon vouloir.
bouton de rose blanche,	je vous ayme.
rose rouge,	largesse.
bouton de rose rouge,	angoisse.
rose musquette,	je vous refuse.
rose de province,	soyez secret.
rose doublée de rose musquette,	occasion.
rosmarin,	congé.
rosmarin coppé au boult,	amour sans fin.

violette jaune,	contentement.
violette de mars blanche,	bon espoir.
violette de mars bleue,	douleur.
violette d'oultremer,	patience.
violette d'hiver,	temps perdu.
ortie,	trahison.
chanvre,	défiance.
genêt,	adresse.
fleur de genêt,	pour amour j'endure.
buglosse,	légèreté.
bourache,	reproche.
lavandre,	travers.
saulge grosse,	entreprise.
saulge menue,	chasteté.
ysope,	amertume.
liere,	ingratitude.
piment,	douleur.
pavost,	prison.

Un écrivain moderne, se basant sur les considérations de la botanique ou sur les récits de la mythologie, a composé un dictionnaire du langage des fleurs, pour écrire un billet; transcrivons-en une partie, en faisant remarquer toutefois que plusieurs de ces significations sont très-contestables.

abandon,	anémone.
absence,	absinthe.

agitation, sainfoin-oscillant.
aigreur, épine-vinette.
amabilité, jasmin blanc.
amertume, douleur, aloès.
amitié, lierre.
amour, myrte.
amour conjugal, tilleul.
amour maternel, mousse.
audace, mélèze.
austérité, chardon.
beauté capricieuse, rose musquée.
bienfaisance, pomme de terre.
bienveillance, jacinthe.
consolation, perce-neige.
constance, pyramidale bleue.
courage, peuplier noir.
cruauté, ortie.
dédain, œillet jaune.
délicatesse, bluet.
désespoir, soucis et cyprès.
désir, jonquille.
docilité, jonc des champs.
élégance, acacia rose.
fécondité, rose trémière.
félicité, centaurée.
fierté, amaryllis.
franchise, osier.
frugalité, chicorée.
générosité, oranger.
gentillesse, rose pompon.

haine,	basilic.
honte,	pivoine.
immortalité,	amarante.
indépendance,	prunier sauvage.
injustice,	houblon.
jeunesse,	lilas blanc.
naïveté,	argentine.
noirceur,	ébénier.
prospérité,	hêtre.
prudence,	cormier.
puissance,	impériale.
pureté,	épi de la Vierge.
reconnaissance,	agrimoine.
sagesse,	mûrier blanc.
silence,	rose blanche.
simplicité,	fougère.
sommeil du cœur,	pavot blanc.
temps,	peuplier blanc.
tranquillité,	alysse des rochers.
vérité,	morelle douce-amère.
vice,	ivraie.
volupté,	tubéreuse.

§ VI.

Des alphabets factices.

Vigenère, dans son *Traité des chiffres*, Duret, dans son *Trésor des langues*, et divers autres anciens auteurs ont donné des modèles d'alphabets attribués à divers personnages célèbres de l'antiquité la plus reculée ; M. Nodier s'exprime à cet égard de la façon suivante ;

« Les alphabets factices de Salomon, « d'Apollonius et même d'Adam ne sont « pas si méprisables qu'on se l'imagine, et « je n'entends pas par là qu'ils annoncent « une grande puissance d'invention, mais « seulement qu'ils remontent à une haute « antiquité et qu'ils révèlent en partie le « secret d'une des opérations les plus cu- « rieuses de l'esprit humain. Ce qui donne « du prix aux recueils rares où ces alpha- « bets se rencontrent, c'est qu'on ne les a « jamais reproduits depuis que l'on a fait « de la grammaire positive, parce qu'ils « n'appartiennent à aucune langue dont « il soit resté des traditions. Comme dé- « bris d'une langue de convention qui a « existé, dont nous avons perdu la clef et

« qui ne le cédait peut-être en rien aux « langues caractéristiques de Dalgarno, « de Wilkins et de Leibnitz, ces traits « grossiers parlent à notre intelligence « avec un tout autre pouvoir que les pier- « res de Denderah. »

Formés de signes aux contours bizarres et aux formes singulières, ces caractères, qui sont, en général, des transformations de 'alphabet hébreu, n'ont, d'ailleurs, on le comprend de reste, aucune authenticité. L'alphabet d'Énoch, celui de Moïse et celui de Salomon sont de pure invention, tout comme celui dont un magicien célèbre, Honorius le Thébain, se servit, dit-on, pour écrire ses livres de sorcellerie. Vigenère a conservé les lettres sous lesquelles cet insigne sorcier (qui n'a jamais existé) dissimulait les arcanes les plus profonds de la nécromancie. Nous croyons inutile de reproduire ces signes étranges, auxquels quelques anciens auteurs conseillent de recourir pour chiffrer, mais dont personne ne fait usage depuis bien longtemps.

On peut assimiler aux alphabets factices les figures bizarres dont les recueils de secrets magiques sont remplis, et les mots inventés à plaisir et qu'on donnait comme possédant des propriétés surnaturelles et comme renfermant un sens ignoré du vulgaire. Nous ne nous étendrons pas sur ce sujet, qui demeure étranger aux idées scientifiques; nous transcrirons seulement comme échantillon une phrase prise dans un livre de sortiléges et qui restera sans doute toujours inintelligible :

« Magabusta Berenada Surmistaras. Gorisgatpa Helotim Latintas aciton aragiaton Amka jaribai untus gilgar Selingarasch. »

CHAPITRE V.

DU RÔLE DE LA CRYPTOGRAPHIE DANS LA LITTÉRATURE.

§ Ier.

Artifices imaginés pour déguiser des dates.

Il est juste de rapporter à la Cryptographie les artifices qu'ont employés quelques scribes du moyen âge afin de dissimuler, sous une forme énigmatique plus ou moins ingénieuse, la date des manuscrits qu'ils transcrivaient. En voici un exemple que fournit un des manuscrits français de la Bibliothèque impériale de Paris.

Ce livre fut tout parfait
En jueillet, comme trouverez :
Pour le savoir dimynuerez
Ces diverses lignes par trait.
Vous praudrez la teste d'un moyne,
De deux cordeliers, d'un chanoyne ;
Et puis un O party en dux.
Vous lairrez la teste Jhesus,
Sainct Jehan, sainct Jacques et Jacob,
Et prendrez un X à cop.
Puis adjoustez en ceste ryme
Ung [illegible] prince en algorithme :
Si congnoistrez qu'il fut parfait
Le XXIIIe jueillet.

On voit que l'auteur indique, par les initiales de plusieurs mots, des lettres ayant une valeur numérique en chiffres romains, pour former par leur réunion l'année de l'achèvement de sa transcription. Il s'est plu à présenter cette indication d'une manière énigmatique par un jeu assez goûté de son temps.

La tête d'un *Moyne*, (M) mille.

Y ajouter celles de deux *Cordeliers* et d'un *Chanoine*, (CCC) trois cents.

Puis, un O partagé en deux, (CC) deux cents.

Laisser de côté les têtes de Jhesus, de sainct Jehan, de sainct Jacques et de Jacob (4 à soustraire).

Prendre ensuite un X (10).

La difficulté consiste à savoir ce que signifie *ung N prise en algorithme*. Ce dernier mot, évidemment altéré pour les besoins de la rime, est *algorisme, algorismus*, que le dictionnaire de Du Cange explique par *arithmetica, numerandi ars*. La lettre qu'il s'agit de considérer numériquement est un N, lettre qui ne joue point en latin le rôle d'un chiffre. D'après la forme que lui donne le manuscrit, on voit qu'elle joue, peut se décomposer en un V et un I, ce qui donne en chiffres : VI (six). Maintenant, en additionnant ces différents nombres, 1000, 300, 200, 10 et 6, puis en retranchant 4, on trouve 1512.

Une date semblable, composée par le

chanoine Charles de Bovelle, est citée dans la *Notice* de M. du Sommerard *sur l'hôtel de Cluny.*

D'un mouton et de cinq chevaux	M. CCCCC
Toutes les têtes prendrez,	
Et à icelles sans nuls travaux	
La queue d'un veau vous joindrez,	V
Et au bout adjouterez	
Tous les quatre pieds d'une chatte :	IIII
Rassemblez, et vous apprendrez	
L'an de ma façon et ma date.	
	M. CCCCC. V. IIII
	(1509)

Pareilles inventions ne furent pas, d'ailleurs, la propriété exclusive des copistes antérieurs à l'invention de la typographie; quelques volumes imprimés au quinzième siècle offrent des particularités du même genre ; mentionnons-en deux exemples :

Le *Doctrinal du temps présent*, de Pierre Michault, imprimé à Bruges, par Colard Mansion, s'adresse ainsi au lecteur :

Un treppier et quatre croissans
Par six croix auec sy nains faire,

Vous feront estre congnoissans,
Sans faillir, de mon miliaire.

Ce quatrain indique l'année 1466 : M. CCCC. XXXXXX. III III.

Un petit volume très-rare, le *Passe-temps et le Songe du triste*, publié à Lyon, s'annonce comme ayant été mis au jour :

L'an de trois croix, cinq croissans, ung trépier.

Ce qui signifie 1530, les figures étant rangées de droite à gauche : XXX. CCCCC. M.

§ II.

Des artifices employés par quelques auteurs pour déguiser leurs noms.

Il a été de mode parmi certains auteurs du seizième siècle de déguiser leurs noms sous une devise qui les couvrait du manteau d'une anagramme plus ou moins ingénieuse, plus ou moins exacte.

Le *Formulaire fort récréatif de tous*

contratz... fait par Bredin, Lyon, 1594.

Les mots *Bonté ny soit*, sont en guise de signature à la fin de l'avis au lecteur ; on croit y reconnaître le nom anagrammatisé de l'auteur : *Benoist* (*du*) *Troncy*.

Noël du Fail, auteur de deux écrits dont les anciennes éditions sont vivement recherchées des bibliophiles (les *Propos rustiques* et les *Baliverneries d'Eutrapel*), cacha son nom sous l'anagramme de *Léon Ladulfi ;* Nicolas Denisot, conteur et poëte contemporain d'Henri II, donna ses écrits sous la signature du *comte d'Alsinois*. Le chevalier de Cailly, dont les spirituelles épigrammes ont reparu dans la jolie *Collection des petits classiques françois* (1825, 9 vol. in-16), n'eut guère l'intention de se dérober sérieusement aux regards du public lorsqu'il se présenta sous le nom d'*Aceilly*.

Il serait facile de multiplier pareils exemples ; nous signalerons Ancillon, signant du nom de *Ollincan* son *Traité des eunuques ;* nous mentionnerons Amelot de La Houssaye, d'Orléans, qui ne déguise guère la paternité de ses pesants commentaires sur Tacite, en les donnant comme l'œuvre du sieur *de La Mothes Josseval d'Aronsel;* nous retrouverions dans Philippe Alcripe, sieur de Neri, auteur d'un recueil facétieux devenu rare (la *Nouvelle Fabrique des excellens traits de vérité*), le nom de Philippe Le Picar, sieur de Rien; nous ne saurions surtout oublier l'immortel auteur du *Garguntua* et du *Pantagruel,* maitre François Rabelais, qui a changé son nom en celui d'*Alcofribas Nasier.*

Les plus impénétrables de ces pseudonymes sont peut-être ceux que des membres d'académies italiennes se décernèrent, obéissant ainsi à une mode qui dura un instant pendant le siècle dernier. On ne se douterait qu'*Euforbo Melesigenio* désigne Calazo; c'est sous le nom d'*Eritisco Pilenejo* que Pagnini livra aux presses élégantes de Bodoni sa traduction d'Anacréon.

Un pauvre comédien qui termina ses jours par une mort volontaire, Caron, auteur et éditeur de livrets facétieux, recherchés des bibliomanes, s'amusait à avoir recours à l'artifice peu mystérieux de la disposition rétrograde des mots. Il donna un de ses écrits comme l'œuvre du bonze *Esiab-luc* et comme ayant été imprimé à *Emeiuogna*.

Un moine italien, François Columna, auteur d'un roman bizarre et obscur dont les anciennes éditions sont vivement recherchées à cause des figures sur bois qui les embellissent, a caché son nom et le secret de son cœur dans une phrase qu'on retrouve, en écrivant, à la suite les unes des autres, les lettres initiales de chacun des chapitres de cet ouvrage :

POLIAM FRATER FRANCISCUS ADAMAVIT.

L'auteur d'un de ces romans de chevalerie qui firent tourner la tête à Don Quichotte, l'historien de Palmerin d'Angleterre, s'est également servi d'un acrostiche du même genre ; il l'a consigné dans des stances placées au commencement du premier volume et dont voici l'interprétation : *Luis Hurtado, autor, al lector da salud.*

Un petit poëme de la fin du quinzième siècle, le *Messagier damours,* révèle par un acrostiche placé dans les huit derniers vers le nom de l'auteur, Pilvelin.

§ III.

De l'emploi que divers littérateurs ont fait de la Cryptographie.

Quelques écrivains ont eu recours aux procédés de la Cryptographie, afin de dérober aux profanes le sens de certains passages de leurs écrits qu'il leur convenait de couvrir des ombres du mystère; nous pouvons en citer plusieurs exemples.

Un poëte du seizième siècle, rimeur peu connu, mais plein d'une verve qui rappelle parfois celle de Regnier, Marc Papillon, sieur de Lasphrise, a placé, dans ses *Œuvres poétiques* (Paris, 1599), une tirade assez libre qu'il ne nous convient pas de transcrire en entier et dont voici le début :

Sel semad ed al ruoc te seuqleuq sertua erocne

Tois enud elliv gruob uo egalliv.

Il est facile de reconnaître que l'artifice consiste ici en ce que chaque mot doit être lu de droite à gauche.

« Les dames de la cour et quelques autres encore, » etc.

Nous trouvons, dans le même volume,

un sonnet en langue inconnue ; il commence ainsi :

> Cerdis zerom deronty toulpinié
> Pareis hurlin linor orifieux.

Nous laissons le soin de chercher le sens de ces lignes énigmatiques aux heureux désœuvrés qui ont assez de temps pour donner des heures à l'étude des écrits du sieur de Lasphrise et assez de solidité de jugement pour apprécier tout ce que renferme d'utile et d'intéressant un pareil emploi des facultés intellectuelles.

Un poëte latin du seizième siècle, Jean de Cysinge, plus connu sous le nom de Janus Pannonius, offre des particularités semblables. En feuilletant l'édition de ses *Poëmata* (Utrecht, 1784, 2 vol. in-8°), nous avons remarqué que l'épigramme 276 du Ier livre (tom. I, p. 577), *in meretricem lascivam*, est en partie chiffrée ;

Le second vers est exprimé sous cette forme :

Conserui et dxoop nfouxnb delituit.

et le dernier :

Expecta nondum, Lucia, efgxuxk.

La *Biographie universelle*, dans l'article consacré au trop célèbre marquis de Sade, rapporte que, parmi les manuscrits laissés par cet écrivain qui poussa l'immoralité jusqu'à la démence, il se trouvait un volumineux journal de sa captivité à la Bastille, écrit, en grande partie, en chiffres dont il avait seul la clef.

Nous rencontrons deux ou trois pages *chiffrées* dans une composition spirituelle et piquante sortie de la plume d'un des romanciers les plus féconds et les plus en vogue du dix-neuvième siècle. Ouvrez la *Physiologie du mariage*, par M. de Balzac; cherchez dans la Méditation XXV le paragraphe intitulé : *des Religions et de la Confession considérées dans leur rapport avec le mariage*, vous y lirez ce qui suit :

« La Bruyère a dit très-spirituellement : « C'est trop contre un mari, que la dévo- « tion et la galanterie ; une femme devrait « opter. »

« L'auteur pense que La Bruyère s'est trompé. En effet :

« Lsuotru e-ne*d*tn*im* dbreaus jivee
« udnt let*t* em*r*nu eaCınetss esosi ost
« pfsɿoiylao tt demon sleuiod pne nr
« unsınneuj eeus*g* ienqseuedro*tea*pt... »

Nous nous garderons bien d'insérer ici en entier cette longue citation, et nous convenons franchement que nous n'avons pas cherché à trouver la clef du système cryptographique inventé par le joyeux physiologiste. Quelques-uns des nombreux lecteurs de la *Physiologie du mariage* ont sans doute été plus intrépides et plus heureux que nous.

Terminons en mentionnant une autre particularité dans le genre de celles que nous signalons ici.

Les *Œuvres poétiques* du sieur de La Charnais, gentilhomme nivernois, renferment 118 énigmes, dont une table, en deux pages, donne la clef. Cette table est gravée à l'envers, en sorte que, pour la lire, il faut avoir recours à un miroir. L'auteur a, d'ailleurs, eu le soin de donner dans sa préface cette explication à ses lecteurs. C'est une singularité dont il sèrait sans doute difficile de trouver d'autres exemples.

Un écrivain américain, Edgar Poë, auteur de contes pleins de talent et d'originalité [1], a, dans un de ses récits, le *Scara-*

[1] Consultez une notice intéressante insérée dans la *Revue des Deux-Mondes*, octobre 1846.

« Autant de récits, autant d'énigmes sous di-
« verses formes et avec des costumes divers.
« Poésie, invention, effets de style, enchaînement
« du drame, tout est subordonné à une bizarre

bée d'or (*the Gold-Bug*), raconté comment un homme, doué d'une intelligence pénétrante et chercheuse, sut parvenir à la découverte d'un trésor considérable enfoui par des pirates dans un coin reculé de la Lousiane, trésor dont le gite était indiqué par une série de chiffres sur un vieux morceau de parchemin que le hasard plaça sous ses yeux habitués à voir juste et loin. Voici quelle était la première ligne de cet écrit :

53 ‡‡‡ 305) 6*; 4826) 4 ‡); 808*; 48 ‡
8 ¶ 60 ☽ 85; 1 ‡ (; 1. ‡ * 8)

En examinant quels étaient les signes

« préoccupation qui semble ne connaître qu'une « faculté inspiratoire, celle du raisonnement; « qu'une muse, la logique. L'auteur s'occupe de « juger, de classer les probabilités; et il emploie « pour ceci cet instinct, cette sagacité particu- « lière à l'homme, plus ou moins sûre chez l'un « que chez l'autre, et qui varie de puissance « comme de but, suivant les aptitudes et le « métier de chacun. »

qui revenaient le plus souvent et quels étaient ceux qui étaient les plus rares; en constatant que le caractère 8 se présentait 33 fois,

; 26 fois,
4 19 fois,
+) 16 fois;

en observant quelles sont les lettres qui, en anglais, entrent le plus dans la composition des mots; en tenant compte des combinaisons et des juxtapositions qu'amènent les lois de l'orthographe, le mystère fut pénétré. Mais laissons les lecteurs chercher eux-mêmes dans les pages de M. Poë comment s'accomplit ce tour de force.

CHAPITRE VI.

DES LIVRES A CLEF.

Ils font encore partie du domaine de la Cryptographie, ces livres dans lesquels on a voulu, au moyen de l'anagramme des noms ou de tout autre artifice, dépayser le lecteur et lui donner, presque toujours peu sérieusement, le change sur le véritable sens des pages qu'on mettait sous ses yeux.

Les compositions satiriques, les écrits qui ne ménagent nullement la religion et la décence, forment presque toujours la catégorie où rentrent les livres à clef. Nous allons en citer quelques-uns.

Les *Princesses malabares :* ce livre irréligieux, attribué à Lenglet-Dufresnoy et imprimé à Rouen, en 1724, sous la fausse indication d'Andrinople, est parfois accompagné d'une clef, dont voici une partie :

Mison (Simon), saint Pierre ; *Tuotalic*, catholique ; *Rasoni*, raison ; *Roligine*, Religion ; *Ema*, âme ; *Chéterine*, chrétienne ; *Gélise*, église ; *Vaddi*, David, etc. On voit que l'auteur a eu recours au plus vulgaire et au plus facile de tous les moyens de déguisement, à l'anagramme, procédé bien candide et bien naïf, puisque les éléments du mot se présentent d'eux-mêmes à qui prend la peine de les chercher. A côté du livre que nous venons d'indiquer, plaçons :

Les *Aventures de Pomponius* (par Labadie), *Rome* (Hollande), 1725. Ce récit allégorique, dirigé contre le régent (Philippe d'Orléans) et ses favoris, présente aussi des noms cachés sous le voile de l'anagramme : *Relosan*, Orléans ; *Lauges*, Gaules ; *Cilopang*, Polignac ; *Judosb*, Dubois ; *Nedoc*, Condé ; *Xeamu*, Meaux.

Dans les *Veillées du Marais ou Histoire du grand prince Oribeau et de la vertueuse princesse Oribelle*, par Rétif de la Bretonne, tous les noms sont travestis : Rousseau devient *Assuero*, et Voltaire *Iratlove*.

N'oublions pas les *Soupers de Daphné et les Dortoirs de Lacédémone* (par de Querlon), 1740. Une clef imprimée se trouve dans un très-petit nombre d'exemplaires de cette satire lancée contre la cour de Louis XV; M. Nodier l'a reproduite dans ses *Mélanges extraits d'une petite bibliothèque*, où il a également placé la clef d'une *nouvelle* de Brémond qui met en scène, sous des noms déguisés, le roi d'Angleterre Charles II et ses favorites : *Hattigé, ou les Amours du roi de Tamaran*, Cologne, 1676.

Les *Amours de Zéokinizul, roi des Korfirans*, présentent un mystère qu'il est facile de percer; l'anagramme complaisante nomme d'elle-même : Louis XV, roi des Français.

Indiquons encore :

Les *Visites*, par mademoiselle de Kéralio, Paris, 1792, in-8.

Voyage du Vallon tranquille (par Charpentier), réimprimé en 1796 avec des notes servant de clef, par Mercier de Saint-Léger et Adry.

Histoire de la princesse de Paphlagonie, par mademoiselle de Montpensier.

Paris, Histoire véridique, anecdotique, morale et poétique, avec la clef, par Chevrier, La Haye, 1767.

Galerie des États généraux (par Mirabeau, de Luchet, etc.).

Ne laissons pas échapper, dans cette énumération rapide et nécessairement fort incomplète, un ouvrage célèbre, le *Cymbalum mundi*, de Bonaventure Des Periers.

M. Nodier s'est fort occupé de cet écrit, qu'il qualifie de « production bizarre et « hardie, petit chef-d'œuvre d'esprit et de « raillerie, modèle presque inimitable de « style dans le genre familier et badin, et « l'un des plus précieux monuments de la « charmante littérature du seizième siè- « cle. »

Le *Grand Dictionnaire historique des Précieuses*, par Somaize, 1661, n'offre qu'une énigme perpétuelle, lorsque la clef n'y est pas jointe.

Vogt, dans son *Catalogus librorum rariorum*, mentionne un recueil de poésies, d'une bizarre mysticité, imprimé en 1738 et qui fut défendu. Les noms y sont anagrammatisés; *Madaavemania* est l'âme (*anima*) d'Adam et d'Ève qui délivre Sirchtus (*Christus*); *Rifeluc* est Lucifer; *Moscos* désigne *Cosmos*, le Monde, etc.

Nous nous garderons bien de tout citer en ce genre; aussi laisserons-nous de côté un fastidieux roman du chevalier de Mouhy, intitulé les *Mille et une Faveurs*, 1740, 5 vol. in-18. Dans cette longue narration, les noms des personnages sont déguisés sous le voile de l'anagramme, se présentant sous un aspect fort bizarre, tels que Croselivesgol, Tofmenie, Onveexpic, Lodeorbarli, Coufartoc, Senaeso, Sanistinva, Netosniss, Fonternouesa, Tanitbadan, Veoldafitular; en les décomposant on y trouve des mots très-propres à inspirer le plus juste effroi au chaste lecteur.

CHAPITRE VII.

DU DÉCHIFFREMENT.

Il faut de la patience et de la sagacité pour arriver à la lecture d'une dépêche chiffrée qui a été interceptée.

Cette tâche peut offrir les plus graves difficultés, lorsqu'on ignore dans quelle langue est écrite la dépêche saisie; ou bien lorsque, pour l'écrire, il a été formé un mélange de divers idiomes; lorsqu'on a fait emploi de plusieurs alphabets; lorsque les non-valeurs sont nombreuses et réparties avec intelligence; lorsque les mêmes syllabes, les mêmes mots, les mêmes noms, se trouvent exprimés par des signes différents; lorsque les mots sont écrits à la suite les uns des autres sans séparation, ou lorsqu'ils sont séparés, non comme ils devaient l'être selon les règles grammaticales, mais d'une façon arbitraire qui déroute l'observateur.

Le déchiffreur doit être très-versé dans tous les procédés de la Cryptographie; s'il n'a lui-même souvent chiffré des dépêches, s'il ne connaît à fond toutes les ruses de l'art, s'il ne s'est amusé à vouloir inventer des procédés nouveaux, s'il n'a fait de toutes les combinaisons cryptographiques une étude sérieuse et patiente, il échouera dans toutes ses tentatives, quand il se verra en présence d'un chiffre difficile.

La première chose à faire est de dresser le catalogue des caractères qui composent le chiffre et de noter combien chacun est répété de fois. Ceci fait, on examine leurs combinaisons; on tourne, on retourne, on dispose de toute façon ces caractères, jusqu'à ce que des conjectures se présentent avec vraisemblance sur l'attribution de tel ou tel caractère à telle ou telle lettre.

Pour arriver à ce but, il faut que la plupart des caractères se trouvent plus d'une fois dans le chiffre; si l'écrit est fort court, si une même lettre est désignée par des caractères différents, les difficultés deviennent de plus en plus sérieuses :

Nous allons emprunter à un écrivain hollandais judicieux, à S'Gravesand, un exemple relatif à un chiffre écrit en latin.

A B C
a b c d e f g h i k f : l m k g n e k d g e i h e k f :
D E F
b c e e f i c l a h f c g f g i n e b h f b h i c e i k f :
G H I K
f m f p i m f h i a b c q i l c b e i e a c g b f b c b g
L M
p i g b g r b k d g h i k f : s m k h i t e f m.

Les barres, les lettres majuscules A, B, les signes de ponctuation ne font pas partie du chiffre ; nous les avons ajoutés afin de faciliter l'explication : Ce chiffre donne :

14	f	3	d
14	i	2	b
12	b	2	n
11	e	2	p
10	g	1	o
9	c	1	q
8	h	1	r
8	k	1	s
5	m	1	t
4	a		

Enfin, il y a en tout dix-neuf caractères, dont cinq seulement une fois.

Je vois d'abord que *h i k f* se trouvent en deux endroits (B, M); que *i k f* se trouvent en un seul (F); enfin, que *h e k f* (C) et *h i k f* (B, M) ont du rapport entre eux.

D'où l'on peut conclure qu'il est probable que ce sont des fins de mots, ce qu'on indique par les deux points :

Dans le latin, il est ordinaire de trouver

des mots où des quatre dernières lettres les seules antepénultièmes diffèrent; lesquelles, en ce cas, sont habituellement des voyelles, comme dans *amant, legunt, docent,* etc.; donc *i, e* sont probablement des voyelles.

Puisque *f m f* (voyez G) est le commencement d'un mot, on peut raisonnablement conjecturer que *m* ou *f* est voyelle, car un mot n'a jamais trois consonnes de suite, dont deux soient les mêmes, et il est probable que c'est *f* puisque *f* se trouve quatorze fois et *m* seulement cinq; donc *m* est consonne.

De là allant à K ou *g b f b c b g,* on voit que, puisque *f* est voyelle, *b* sera consonne dans le *b f b,* par les mêmes raisons que ci-dessus; donc *c* sera voyelle, à cause de *b c h.*

Dans L ou *g b g r b, b* est consonne; *r* sera consonne, parce qu'il n'y a qu'un *r* dans tout l'écrit; donc *g* est voyelle.

Dans D ou *f c g f g*, il y aurait donc un mot ou une partie de mots en cinq voyelles, mais la chose est impossible. Il n'y a point de mot latin qui présente cette particularité; on se tromperait donc en prenant *f c g*, pour voyelles; donc ce n'est pas *f*, mais *m* qui est voyelle, et *f* consonne: donc *b* est voyelle (voyez K). Dans cet endroit K, on a la voyelle *b* trois fois, séparée seulement par une lettre; or on trouve dans le latin des mots où pareille circonstance se rencontre, tels que *edere*, *legere*, *munere*, *si tibi*, etc., et comme c'est la voyelle *e* qui est le plus fréquemment dans ce cas, il faut en conclure que *b* correspond probablement à l'*e*, et *i* à *r*.

En opérant successivement de semblable manière sur toute la phrase chiffrée, on finit par en découvrir le sens, et on trouve que le chiffre que nous avons reproduit, doit se traduire de la manière suivante :

Perdita sunt bona; Mindarus interiit:

urbs strata humi est. Esuriunt tot quot superfuere vivi; præterea quæ agenda sunt consulito.

Les mots composés d'un très-petit nombre de syllabes doivent être les premiers dont on s'occupe dans les opérations du déchiffrement. Ils laissent sans trop de peine les voyelles se révéler, et cette découverte conduit à celle des consonnes. La connaissance exacte des principes généraux qui régissent l'orthographe des diverses langues est le fil qu'il faut suivre dans ces opérations minutieuses.

Indiquons quelques-uns des principes qui servent de guide pour opérer le déchiffrement d'un écrit en langue française.

Le signe qui revient le plus souvent, surtout à la fin des mots, désigne la voyelle *e*.

Cette lettre est la seule qui, à la fin d'un mot, se répète deux fois, comme dans *désirée*, *fusée*, etc. Ainsi, lorsqu'on trouve le même signe placé deux fois à la fin d'un mot, il y a toute probabilité que ce signe représente l'*e*. La voyelle *e*, dans un mot de deux lettres, est toujours précédée des consonnes *c d j l m n s t* ou suivie de celles *n t*.

Indépendamment de l'interjection *o*, qui n'est guère employée dans une dépêche secrète, il n'y a en français que deux lettres qui, seules, forment un mot complet. Ces lettres sont *a* et *y*. Si l'on trouve un signe isolé dans le texte chiffré, il est à croire qu'il correspond à une de ces deux lettres.

Dans les mots formés de deux lettres où se trouve la voyelle *a*, elle précède d'ordinaire les lettres *h*, *i*, *u*, comme dans *ah ai au*, ou bien elle est après les lettres *l*, *m*, *n*, *s*, *t*, comme dans *la*, *ma*, *sa*, *ta*.

Des diphthongues, *ai*, *au*, *eu*, *oi*, *ou*, la dernière est celle qui revient le plus souvent, surtout dans les mots de quatre syllabes.

Lorsque la lettre *e* est l'avant-dernière d'un mot, ce mot se termine d'ordinaire par l'une de ces deux consonnes, *r* ou *s*.

Lorsque la voyelle est suivie d'une autre voyelle, c'est habituellement d'un *e*.

Il est rare qu'un mot finisse par les consonnes *b*, *f*, *g*, *h*, *p*, *q*.

Les mots formés de trois lettres sont ceux qui donnent le plus de peine au déchiffreur, lorsque la même lettre s'y trouve deux fois comme dans *été*, *ici*, *non*, *ses*.

Supposons que vous avez découvert le monosyllabe *le* et que vous ayez un autre mot de trois lettres dont les premières sont *l* et *e*, vous jugerez que la troisième est un *s*, attendu qu'elle est la seule qui, dans un mot de trois lettres, puisse aller après le monosyllabe *le* et former le mot *les*. Dès que vous serez parvenu à connaître ce mot *les*, si vous trouvez un mot dont les deux premiers signes soient un *e* et un *s*, vous en conclurez que le troisième, qui vous est encore inconnu, doit être la lettre *t*, et que ces trois signes expriment le mot : *est*.

Ayant découvert la lettre *s*, vous examinerez si elle ne se trouve pas précéder un mot de deux lettres, dont la seconde ne soit pas la lettre *e*, que vous connaissez déjà. Alors ce sera nécessairement un *a* ou un *i*. Pour vous en assurer, voyez si, dans d'autres endroits, ce dernier signe ne précède pas, dans un autre mot de deux lettres, la lettre *l*; en ce cas, vous serez certain que c'est un *i*. Si, au contraire, dans un autre mot de deux lettres, ce signe suit la lettre *l*, vous en conclurez qu'il désigne l'*a*.

Lorsque ces premières recherches vous auront révélé six signes ou lettres, savoir les trois voyelles *a e i*, et les trois consonnes *l s t*, elles vous conduiront à découvrir des mots composés d'un plus grand nombre de lettres, tels, par exemple, que le mot *lettre*, où tout se trouvera connu, excepté la lettre *r*, lettre que dès ce moment vous pourrez ajouter à celles que vous connaissez déjà. Le mot *cette*, où tout sera connu excepté la lettre *c*, le mot *ville* où la lettre *v* seule était encore un mystère, se révéleront d'une façon analogue.

Quand vous serez ainsi parvenu à connaître sept ou huit mots, vous trouverez sans trop de peine les autres, en recherchant quelles sont les lettres qu'il convient de mettre entre celles qui sont déjà connues pour en former des mots. En peu de temps, vous obtiendrez, par ce procédé, une clef qui servira à déchiffrer aisément toute la dépêche.

Disons encore quelques mots à l'égard des principes qu'il s'agit d'avoir en vue pour divers idiomes européens.

En anglais, l'*e* est la voyelle qui revient

le plus fréquemment; elle est assez souvent suivie d'un *a* comme dans *earl* (comte), *great*, *reason*. L'*o* est commun dans les mots formés de deux lettres; il est maintes fois accompagné du *w*, comme dans *grow*, *know*, *narrowly*. L'*y* se rencontre souvent à la fin des mots et presque jamais au milieu. L'article indéclinable *the* (le, la, les) reparaît fréquemment. Les consonnes doubles que l'on trouve à la fin des mots, sont *ll* et *ss*.

En italien, les mots se terminent le plus souvent par une des quatre voyelles, *a*, *e*, *i*, *o*; l'*u* est rare en pareil cas. *Che* est le plus fréquent des mots composés de trois lettres, et aucun d'eux, si ce n'est *gli*, n'offre un *l* pour lettre du milieu.

La langue espagnole présente des mots d'une grande étendue, tels que *arrepentimiento*, *verdaderamente*. La voyelle *o* est celle qui est la plus fréquente; à la fin des mots, elle est souvent accompagnée de l'*s*, comme dans *nosotros*, *votos*. Au milieu des mots, *u* est fréquemment suivi d'un *e* ; *vuestro*, *ruego*.

Passons à l'allemand. L'*e* est la voyelle la plus usitée ; elle se présente fréquemment à l'extrémité des mots de plusieurs syllabes; ils finissent en *er*, *es*, *en* ou *et*. L'*n* est la consonne qui revient le plus souvent; l'*a* n'est jamais à la fin d'un mot composé de trois lettres ; la consonne *c* est toujours liée au *c* ou au *k*. Il n'y a qu'un seul mot formé d'une seule lettre, c'est l'exclamation *o !* On ne compte que deux mots de quatre lettres qui se terminent en *enn*, *wenn* et *denn*. Presque tous les mots de quatre lettres commencent par une consonne qu'accompagne une voyelle, exemples : *bald*, *dein*, *doch*, *etwn*, *Hand*.

C. A. Kortum, dans ses *Principes* (en allemand) *de la science du déchiffrement des écrits chiffrés en langue allemande*, donne à ce sujet de très-longs détails qu'il serait très-superflu de placer ici, et il soumet aux règles qu'il expose deux dépêches chiffrées.

La première ne présente que des lettres :

Efs ekftfo Tabwc efs fsef hkfcu
Fs xbs hftffhopu woc hfinkfewu....

La seconde est plus compliquée; les lettres sont entremêlées de chiffres et les mots ne sont pas séparés :

64mf4km134kc4o4kng43c4p
m24o4kq25293edk6n4kmm3b13.....

En étudiant le retour des signes et leur arrangement, on arrive à découvrir successivement quelques lettres, et, une fois qu'elles sont connues, elles sont d'un secours pour arriver à connaître les autres.

Les règles pour le déchiffrement, telles

qu'elles ont été exposées par divers auteurs, reposent, on le voit, sur le plus ou moins d'abondance de certaines lettres dans les mots, et sur leur rapprochement. Afin de dérouter les conjectures, il faut, lorsqu'on chiffre des dépêches, écrire les mots sans aucune séparation, entremêler des mots pris dans une langue avec d'autres mots empruntés à un idiome différent et ne point se conformer scrupuleusement aux règles de l'orthographe.

En abrégeant les mots ou en les modifiant, il convient toutefois d'avoir soin de ne pas les dénaturer au point de laisser du doute sur leur signification ; les caractères nuls, intercalés à propos et dont la non-valeur est inconnue au déchiffreur, peuvent achever de rendre tous ses efforts infructueux.

C'est pour avoir négligé pareilles précautions, et pour s'être bornées à l'emploi de caractères mystérieux et de chiffres rangés dans l'ordre habituel et orthographique des mots, que des personnes qui croyaient avoir parfaitement déguisé leur pensée ont été tout étonnées de voir que leur secret n'en était pas un.

Voici un fait de ce genre.

M. Decremps, auteur de la *Magie blanche dévoilée*, se vantait de parvenir promptement à percer les mystères les plus difficiles. Afin de l'éprouver, un de ses amis lui adressa un jour quelques lignes qu'il avait écrites en caractères dont il avait fait choix. M. Decremps, en étudiant le retour plus ou moins fréquent de ces caractères, en cherchant de quelle façon ils se montraient groupés entre eux, reconnut qu'ils représentaient les diverses lettres de l'alphabet; il trouva successivement qu'un oiseau exprimait la lettre *a*; que l'*e* était rendu par une tête vue de profil, et l'*i* par la figure d'un verre à patte. Muni de cette clef, il découvrit bien vite qu'on lui avait adressé copie de quelques vers d'une traduction d'une des odes d'Anacréon, et il causa à son ami l'étonnement le plus vif, en prouvant que ce que ce dernier avait cru parfaitement caché était dévoilé.

CHAPITRE VIII.

DES ÉCRITURES OCCULTES.

On donne le nom d'*encre de sympathie* aux substances dont on fait usage, qui ne laissent point de traces sur le papier et qui apparaissent derechef, lorsqu'elles sont soumises à l'action de divers procédés.

Lorsqu'on veut avoir recours à un pareil moyen, il faut faire attention à ce que la dépêche ostensible ne mentionne rien qui puisse donner lieu à quelque soupçon.

Le papier doit conserver sa couleur et son éclat habituels. Les phrases tracées à l'encre ordinaire doivent être conçues de manière que le lecteur, sous les yeux de qui elles tomberaient, n'ait aucune raison de croire qu'elles n'expriment pas réellement la pensée de l'écrivain et qu'elles n'appartiennent pas à une correspondance sérieuse. On tracera sur les marges, entre les lignes ou sur le côté du feuillet demeuré blanc, ce que l'on veut communiquer en secret.

Il importe que les passages écrits en encre sympathique demeurent invisibles jusqu'à l'accomplissement des procédés qui doivent les rendre au jour ; il faut qu'après l'application de ces procédés ils puissent être lus nettement et sans difficulté.

On convient d'un signe quelconque qui, placé soit sur l'adresse, soit dans le corps de la lettre, indique, à celui qui la reçoit, qu'il y a des passages tracés en encre de sympathie. Nous n'avons pas besoin d'ajouter que ce signe doit être mis de manière à échapper aisément aux regards des curieux et à n'offrir aucune importance apparente.

Il est des caractères qui reparaissent, lorsqu'on répand sur eux quelque poudre.

On peut tracer sur le papier une écriture invisible de ce genre, avec tous les sucs glutineux et non colorés des plantes ou des fruits, ou bien avec de la bière, du lait, des liqueurs grasses ou aqueuses.

On laisse sécher ce qu'on a écrit. Pour le rendre visible, on frotte la feuille de papier avec une poudre très-fine et de couleur foncée ; du charbon pilé extrêmement menu, du cinabre, du bleu de Prusse, peuvent servir à cet usage. La poudre s'attache aux lettres qui ont été tracées et elle la fait revivre.

Diverses écritures deviennent visibles, lorsqu'on les expose au grand jour.

L'extrait de saturne, étendu d'eau, donne une écriture invisible qui apparaît et devient noirâtre, lorsqu'elle est livrée à l'action de l'air. On obtient un résultat semblable avec de l'argent dissous dans de l'acide nitrique ; les caractères tracés avec pareil liquide deviennent verdâtres, lorsqu'ils sont exposés à l'air ; placés de manière à recevoir les rayons du soleil, ils se montrent d'un noir rougeâtre.

On peut aussi se servir de substances qui reparaissent, lorsque le papier est fortement échauffé.

Ce qui est écrit avec du lait devient rougeâtre ;

Avec du jus de cerise, verdâtre ;

Avec du jus d'oignon, noirâtre ;

Avec du jus de citron, brun ;

Le vinaigre donne une couleur rouge pâle;

Le lait, une couleur rousse, ainsi que l'acide vitriolique affaibli dans une certaine quantité d'eau.

Le cobalt, le vitriol, et d'autres agents chimiques, ont été employés avec plus ou moins de succès dans la composition d'encre de sympathie de différents genres. On a découvert des substances bonnes pour former des caractères qui ressuscitent, pour ainsi dire, lorsque le papier auquel on les a confiés est légèrement mouillé ou lorsqu'il est plongé dans l'eau. Écrivez avec de l'alun dissous dans l'eau, mouillez le papier dont vous vous êtes servi et présentez-le au jour : vous distinguerez très-bien ce qui était invisiblement écrit; les caractères seront beaucoup plus obscurs que le reste du papier, et il leur faudra bien plus de temps pour s'imbiber.

En écrivant avec un liquide formé d'une portion d'eau-forte et de trois portions d'eau, on obtient des caractères qui ne paraissent pas, lorsque le papier est plongé dans l'eau ; à mesure qu'il sèche, ils disparaissent. Ils pourront devenir visibles une seconde et même une troisième fois.

Il est aussi des écritures occultes qui reparaissent, lorsqu'on les humecte avec un liquide approprié. C'est ainsi qu'une dissolution de vitriol ou de couperose donne des caractères qui se montrent à l'œil, lorsqu'on frotte le papier avec une éponge imbibée d'un liquide, dont voici la composition : noix de galle concassées et mises dans de l'eau ou du vin blanc. On obtient le même résultat, en plaçant cette écriture invisible entre deux papiers légèrement imbibés de cette dernière dissolution; il faut que le tout soit enfermé et serré dans un livre pendant quelques moments.

Un procédé assez ingénieux consiste à masquer l'écriture invisible au moyen d'autres caractères que l'on trace dessus en se servant d'une encre formée de paille d'avoine brûlée et délayée dans de l'eau. Quant on passe l'éponge, cette écriture disparaît et laisse voir à la place celle qui était invisible.

L'extrait de saturne donne un marc, avec lequel on trace une écriture, qui, une fois séchée, ne paraît plus; afin de la rendre visible, il suffit d'imbiber le papier de jus de citron ou de verjus, et alors elle paraîtra d'un blanc de lait qui ressortira sur la blancheur du papier.

Des caractères tracés avec du bleu de Prusse paraîtront d'un bleu éclatant, si on les imbibe avec la dissolution acide du vitriol vert.

Une dissolution d'or fin dans de l'eau végétale, coupée avec de l'eau pure, fournit une encre sympathique qui disparaît en séchant, lorsqu'on veille à tenir le papier renfermé et à le soustraire à l'influence du grand air. Ces mêmes caractères, exposés au soleil, reparaîtront au bout d'une heure ou deux.

Disons, une fois pour toutes, que, dans l'écriture occulte, il faut employer des plumes neuves et affectées à cet usage spécial.

Les anciens auteurs qui ont écrit sur la Cryptographie n'ont point oublié les procédés que nous indiquons. Vigenère explique longuement qu'il faut « escrire « avec de l'alun brûlé, ou du sel ammo- « niac, ou du camphre, destrempez en eau, « ce qu'estant sec blanchist à pair du pa- « pier, qu'il faut tremper puis après dans « de l'eau qui le rend noir et l'escriture « demeure blanche, ou le chauffer devant « le feu, tant que le papier roussisse et « l'encre s'offusque; le mesme faict le jus « d'oignon et l'eau encore toute simple. Si « l'on trasse quelque chose sur le bras, « un autre endroit du corps, avec du laict « ou de l'urine, en jectant de la cendre

« dessus, elle y adhere et monstre ce qui « y aura été desseigné. Le sel ammoniac, « resouls à part soy à la cave ou autre lieu « humide, si on escrit de ceste liqueur, tout « demeure blanc ; frottez le papier avec « du coton trempé en eau distillée de vi- « triol ou de couperose : l'escriture appa- « roistra noire.

« Il y a un autre artifice de faire une « petite incision à un œuf, avec la pointe « d'un tranche-plume bien affilé, par la- « quelle on fourre dedans de petits bil- « lets de papier escris des deux costez, « de la largeur de l'ouverture, non plus « grande que de petit doigt et y en peult « assez tenir. Puis, on la replastre avec « de la craye ou ceruse, et de la chaulx « vive empastées avec de la glaise. Si « qu'il seroit bien malaisé d'y rien re- « marquer ne connoistre, quand bien « mesme on les auroit fait durcir et pel- « ler, car cela demeure enclos en leur

« substance, sans que rien paroisse dehors.

« Il y a un autre malin artifice qui se « faict avec de l'alun bruslé, destrempé « en eau dont on escrit sur du papier : « estant sec, tout deviendra blanc. On « brusle d'autre part de la paille de fro- « ment qu'on estend en un linge, sur quoy « on passe de l'eau tiedde par tant de fois « qu'elle ait emporté toute la noirceur de « la paille : puis, on escrit de cette encre, « sur l'escriture blanche dessusdite, ce « qu'on ne veut pas tenir secret : et pour « lire ce qui est caché, s'effaçant ce qui « apparoit manifeste, il fault avoir de l'eau- « de-vie où l'on aye fait tremper des noix « de galle concassées grossierement, tant « que l'eau-de-vie en ait attiré et embeu « la teinture avec du coton mouillé de- « dans ; l'escriture apparente s'esvanouira « et l'occulte viendra à se descouvrir, « noire comme est la commune. En quoy « il y a certain secret qu'il ne m'a pas

« semblé devoir divulguer, non plus que « d'une autre maniere d'encre qui s'efface d'elle-mesme en quinze jours ou « trois sepmaines, composée de pierre « de touche, sablon d'Estampes, sang de « pigeon, noix de galle et autres ingrediens, mesme de l'huille de tartre avec « laquelle il fault destremper le tout, y « adjoustant un peu d'encre affoiblie avecques de l'eau. »

De son côté, Porta indique ce qu'il appelle une manière très-simple d'écrire sur la peau en caractères ineffaçables : c'est avec de l'eau-forte impregnée de cantharides; ou, si l'on veut que l'écriture ne soit visible que pendant quelques jours, il faut employer, pour écrire sur la peau, une dissolution d'argent ou de cuivre dans de l'eau-forte, et cette opération peut se faire sur un homme endormi, sans qu'il le sache.

Résumons les autres détails dans lesquels cet auteur et ses émules entrent à l'égard du sujet qui nous occupe.

L'écriture faite avec une eau de vitriol ne devient visible, qu'en passant par-dessus de la décoction de noix de galle. Le sel ammoniac, avec la chaux ou le savon, donne à l'écriture une couleur blanche.

Après avoir critiqué l'antique secret des tablettes enduites de cire, Porta indique les procédés suivants : Écrivez avec de la graisse de bouc sur du marbre; les lettres, en séchant, deviennent invisibles ; plongez le marbre dans le vinaigre, elles reparaissent sur-le-champ. Imprimez sur un bois tendre, tel que celui de tilleul, de peuplier ou autre, des caractères, à la profondeur d'un demi-doigt ; aplatissez ce bois à la presse jusqu'à ce que le creux ait entièrement disparu et qu'on ne voie plus de traces de lettres ; celui à qui vous enverrez ce morceau de bois lira l'écriture en le plongeant dans l'eau.

Enduisez un œuf de cire; écrivez dessus, de manière à pénétrer jusqu'à la coquille sans l'endommager; tenez l'œuf pendant une nuit dans une dissolution d'argent par l'acide nitreux; ensuite, enlevez la cire, écaillez l'œuf et mettez la coquille entre votre œil et la lumière, les lettres paraissent plus transparentes et très-lisibles. La même chose a lieu en écrivant avec du jus de citron, qui amollit la coquille de l'œuf: faites durcir un œuf, enduisez-le de cire, gravez sur la cire des lettres qui laissent la coquille à découvert; mettez l'œuf dans une liqueur faite avec des noix de galle et de. l'alun broyés ensemble; ensuite passez-le dans de fort vinaigre : les caractères pénétreront plus avant; ôtez la coquille, et vous verrez sur le blanc de l'œuf de belles lettres couleur de safran.

Écritures que l'eau rend visibles : Qu'on écrive avec du jus de citron, ou de coing, ou d'oignon, ou tout autre suc acide; quand ces lettres sont sèches, on n'aperçoit rien; écrivez, entre les lignes, avec de l'encre, des choses indifférentes, afin de dérouter tout soupçon. En approchant la lettre du feu, l'écriture cachée devient lisible. Broyez du sel ammoniac, mêlez-le dans l'eau, écrivez avec cette liqueur : l'écriture paraitra de la même couleur que le papier; approchez-le du feu, les lettres paraîtront noires. Si l'on écrit avec du jus de cerises, l'écriture paraîtra verte au feu.

Il est aussi des écritures qu'on peut rendre visibles par l'emploi de l'eau seule. Ce que l'on écrit avec une dissolution d'alun devient invisible, en séchant; il ne faut que plonger le papier dans l'eau pour faire revivre l'écriture. Une lettre écrite sur du papier avec une eau de vitriol distillée ne devient visible qu'en plongeant le papier dans une infusion de noix de galle avec du verjus ou du vin,

On broie aussi de la litharge que l'on met dans du vinaigre mêlé d'eau ; on passe la décoction à la chausse, et on la met à part; on trace ensuite, sur la pierre, sur quelque partie du corps ou sur toute autre matière, avec du jus de citron, des caractères, qui, étant secs, n'ont aucune apparence d'écriture; en passant par-dessus de l'eau de litharge, les caractères paraissent blancs comme du lait.

Rabelais dont l'érudition encyclopédique touchait à toutes sortes de sujets, n'a point oublié les divers procédés de l'écriture occulte ; il fait mention d'une lettre qu'une dame de Paris envoie à Pantagruel, lettre qui renfermait un anneau d'or, mais dans laquelle il ne se trouvait rien d'écrit. Panurge s'efforce de découvrir le sens de cette missive, disant que « la « feuille de papier estoyt escripte, mais « l'estoyt par telle subtilité que l'on n'y « voyoit point d'escripture,

« Il la mist auprès du feu pour veoir si « l'escripture estoyt faicte avec du sel am- « moniac détrempé en eaue. Puys, la mist « dedans l'eaue pour sçavoir si la lettre « estoyt escripte du suc de tithymale. « Puys, la monstra à la chandelle, si elle « estoyt point escripte du jus d'oignons « blancz.

« Puys, en frotta une partie d'huylle de « noix, pour veoir si elle estoyt point « escripte de lexif de figuier. Puys, en « frotta une part de laict de femme alaic- « tant sa fille première née, pour veoir si « elle estoyt poinct escripte de sang de ra- « bettes. Puys, en frotta un coing de cen- « dres d'ung nid d'arondelles, pour veoir « si elle estoyt escripte de rosée qu'on « trouve dans les pommes d'alicacabut. « Puys, en frotta ung aultre bout de la sa- « nie des aureilles, pour veoir si elle es- « toyt escripte du fiel de corbeau. Puys, la « trempa en vinaigre, pour veoir si elle

« estoit escripte de laict d'espurge. Puys, la « graissa d'axunge de souris chaulves, pour « veoir si elle estoit escripte avec sperme « de baleine, qu'on appelle ambre gris. « Puys, la myst tout doulcement dans un « bassin d'eau fraische et soubdain la tira, « pour veoir si elle estoyt escripte avec « alun de plume. »

Rabelais cite, à l'occasion de ces tentatives infructueuses, trois auteurs auxquels la Cryptographie serait redevable d'importants travaux : « Messere Francesco di Nianse, le Thuscan, qui ha escript la manière de lire les lettres non apparentes; Zoroaster, dans son traité *peri grammaton acriton*, et Calphurnius Bassus, *de litteris illegibilibus*. »

Cet auteur Thuscan et ces livres grecs et latins sont tout à fait inconnus ; il faut donc assigner à l'imagination de maître François le mérite de les avoir créés.

BIBLIOGRAPHIE

Il nous reste à signaler les principaux ouvrages qui se rapportent aux diverses branches de l'Art d'écrire par chiffres ; nous ne prétendons pas offrir une liste absolument complète ; c'est un but qu'on ne saurait jamais se flatter d'atteindre, mais nous espérons du moins ne pas avoir oublié d'écrits d'une importance réelle. Nous avons adopté l'ordre alphabétique comme étant celui qui facilite le mieux les recherches.

Anweisung zum Dechiffriren, oder die Kunst verborgene Schriften aufzulæsen, Helmstadt, 1755, in-8.

BACO (Franc. de Verulamio). *De dignitate et augmentis scientiarum*, lib. VI, c. I. Voir ses *Opera omnia*. Francof., 1665, folio, pag. 147-151.

BECHERUS (J. J.). *Character pro notitia linguarum universali, inventum steganographicum hactenus inauditum*, etc. Francofurti, 1661, in-8.

BEGUELIN. *Mémoire sur la découverte des lois d'un chiffre de feu le professeur Hermann, proposé comme absolument indéchiffrable. Voy.* Mémoires de l'Académie royale des sciences et belles-lettres de Berlin, tom. XIV (1765) pag. 369–389.

BELOT. *L'Œuvre des œuvres ou le plus parfait des sciences stéganographiques*, Paris, 1623, in-8.

BIELFELD (J. de). *Institutions politiques* (la Haye, 1760, in-4), tom. II, pag. 191.

BREITHAUPT (Chr.). *Disquisitio historica, critica, curiosa de variis modis occulte scribendi, tum apud veteres quam apud recentiores usitatis*, Helmstadt, 1727, in-8.

— *Ars decifratoria sive scientia occultas scripturas solvendi et legendi*, Helmst., 1737, in-8, 32 et 160 pag.

BUERGA (A.). *Pasilasie oder Grundriss einer allgemeinen Sprache*, Berlin, 1808.

CARLET (J. R. du). La *Cryptographie, contenant la manière d'écrire secretement*, Tolose, 1644, in-12.

COLLETET. *Traittez des langues estrangères, de leurs alphabets et des chiffres*, Paris, Promé, 1660, in-4. — C'est un abrégé imparfait du *Traité des chiffres* de Vigenère, et il aurait tous les caractères du plagiat si Colletet lui-même n'avait pas prévenu cette accusation avec une franchise peu commune.

COLORNI (Abr.). *Scotografia italica*, Praga, 1593, in-4.

COMIER (d'Ambrun). *Traité de la parole, langues et écritures, contenant la sténographie impénétrable, ou l'Art d'écrire et de parler occultement de loin et sans soupçon*. Bruxelles, 1691, in-12.

CONRADI (Dav. Arn.) *Cryptographia denudata, sive ars deciferandi quæ occulte scripta sunt in quocunque linguarum genere*, Lugd. Bat., 1739, in-8, 75 pag.

COSPI. *L'Interprétation des chiffres, ou Reigle* (sic)

pour bien entendre et expliquer facilement toutes sortes de chiffres simples, tiré de l'italien du sieur A. M. Cospi, secrétaire du grand-duc de Toscane. Augmenté et accommodé particulièrement à l'usage des langues française et espagnole, par F. J. F. N P. M. Paris, 1641, in-8, 90 pag.

Crellii (L. C.) *Diss. de scytala laconica*, Lipsiæ, 1697, in 4.

Dalgarno (George). *Ars signorum, vulgo character universalis et lingua philosophica*, Londini, 1667, in-8. Cet écrit a paru à M. Nodier extrêmement remarquable (voir les *Mélanges extraits d'une petite bibliothèque*, pag. 268, et les *Notions de linguistique*, 1834, pag. 31). Les ouvrages de Dalgarno ont été réimprimés à Edimbourg en 1834; la *Revue d'Edimbourg*, n° 124, juillet 1835, leur a consacré un article.

Dlandol. Le *Contr'espion ou les clefs de toutes les correspondances secrètes*, Paris, 1794, 66 pag. in-8.

Firmas-Periès (Le comte). *Pasitélégraphie*, Stuttgard, 1811, in-8.

Forelius (H.). *Dissertatio de modis occulte scribendi et præcipue de scytala laconica*, Holmiæ, 1697, in-8.

Friderici (J. B.). *Cryptographia, oder geheimer, Schriftmund und wirkliche Correspondenz*, Hamburg, 1684, in-4.

Funks (Chr. B.). *Natürliche Magie*, Berlin, 1785, in-8. (Il s'y trouve quelques détails sur l'art de déchiffrer.)

Gerrar (di). *Siglarium romanum sive explicatio notarum ac litterarum*, Londres, 1793, in-4,

GODEVIN (François), évêque d'Hereford, *Nuncius inanimatus Utopiæ*, 1629. L'auteur expose mystérieusement les avantages d'une méthode secrète de correspondance au moyen de signes convenus.

S'GRAVESAND, *Introductio in philosophiam* (Lugd. Bat., 1737). Il y est question, ch. XXXV, de l'écriture en chiffres.

GRISCHOW (Aug.). *Introductio in philologiam generalem*, Jenæ, 1704, in-8. Le chap. IV roule sur l'art d'écrire en chiffres avec rapidité, et sur les moyens de découvrir pareils secrets.

HANEDI *Steganologia et Steganographia nova. Geheime, magische, natürliche Red- und Schreibekunst*, Nuremberg (sans date), in-8, 299 pag. Le véritable nom de l'auteur est Daniel Schwenter, professeur de mathématiques à Altorf, mort en 1636.

HILLERI (L H.) *Mysterium artis steganographicæ novissimum*, Ulmæ, 1682, in-8, 478 pag. Un errata de 6 pag. termine le volume. Cette multitude de fautes contribua sans doute au peu de succès de ce traité plus ample que celui de Breithaupt, mais moins méthodique. Il ne s'adapte spécialement qu'au latin, à l'italien, à l'allemand et au français, et seulement aux chiffres à clef simple ou dont l'alphabet n'est pas variable. L'auteur avait donné un aperçu de son travail dans son *Opusculum steganographicum*, publié à Tubingue en 1675.

HINDENBURG (C. F.). *Archiv der reinen und angewandten Mathematik*. (Les cahiers 3 et 5 roulent sur l'art de chiffrer.)

HOTTINGA (Domin. de). *Polygraphie ou méthode universelle de l'écriture cachée et cabalistique*,

Groningue, 1620, in-4. C'est la reproduction textuelle de la traduction de la *Polygraphie* de Trithème, publiée en 1541 par Gabriel de Collange. Hottinga n'a point hésité à donner ce travail comme étant entièrement son œuvre, et il déclare, dans sa préface, qu'il lui a consacré de longues et pénibles veilles. Il existe peu d'exemples d'un plagiat aussi effronté.

Jones. *Hieroglyphic or a grammatical introduction to an universal hieroglyphic language*, London, 1768.

Kalmar (Georgius). *Præcepta grammatica atque Specimina linguæ philosophicæ sive universalis ad omne vitæ genus adcommodatæ*. Berolini, 1772, in-4, 56 pag.

Kircheri (Athan.) *Artificium cryptographicum, seu abacus numeralis*, dans la *Magia universalis* de Schott, part. IV, lib. I.

— *Polygraphia seu artificium linguarum, quo cum omnibus totius mundi populis poterit quis correspondere*, Rome, 1663, in-folio, Amsterd., 1680. Cet ouvrage curieux est divisé en trois parties; la première offre une pasigraphie en écriture universelle que chacun peut lire dans sa langue. Le principe d'où il part est un dictionnaire numéroté tel que Becher l'avait proposé sans l'exécuter; Kircher l'exécuta en petit sur cinq langues (le latin, le français, l'allemand, l'italien, l'espagnol). Son vocabulaire a environ 1,600 mots; les formes variables des noms et des verbes sont exprimées par des signes de convention. La seconde partie donne une sténographie plus ingénieuse que celle de Trithème. La troisième partie concerne l'invention d'une boîte ou bureau stéganographique pour écrire ou lire très-promptement en chiffre quelconque.

Klüber (Lud.). *Kryptographik, Lehrbuch der Geheimschreibekunst*, Tubingue, 1809, in-8, 470 p.

Kortum (C. A.). *Anfangsgründe der Entzifferungskunst deutscher Zifferschriften*, Duisburg, 1782, in-8, 144 pag.

Langage (Le) *muet, ou l'Art de faire l'amour sans se parler, sans écrire et sans se voir*, Middelbourg, 1688, in-12.

Latour (Charlotte de). Le *Langage des fleurs*, Paris, 1820; 6ᵉ éd., 1845, in-12, 328 p. (L'auteur de cet ouvrage, en prose et en vers, est M. Aimé Martin.)

Leibnitz. *Historia et commendatio linguæ characteristicæ universalis*, dans ses *Œuvres posthumes*, éditées par Rashe, 144 pag.

(Lemang). *Die Kunst der Geheimschreiberei*,... im. G. L. Leipzig, 1797, in-4, 40 pag.

Lennep (D. J. de). *Dissert. de M. Tullio Tirone*, Amsterdam, 1804,

Lindner (Sam.). *Elementa artis decifratoriæ*, Regiomontani, 1770, in-8.

Mysterienbuch alter und neuer Zeit, oder Anleitung geheimer Schriften zu lesen, Leipzig, 1797, in-8, 115 pag.

Neyrin (J. P.). *Principes du droit des gens*. (Brunswick, 1783, in-8), pag. 160 et suiv.

Nouveau Traité de diplomatique, par deux religieux bénédictins (D. Toussaint et D. Tassin). Paris, 1750-65. 6 vol. in-4. *Voy.* tom. III, p. 499-622.

Niethammer (J. M.). *Ueber Pasigraphie und Ideographie*, Nurnberg, 1808, in-8.

Nouvelle Découverte d'une langue universelle pour les négociants, Paris, 1687, in-12.

Opus novum, præfectis arcium, imperatoribus exercituum, exploratoribus, peregrinis, inventoribus, in litibus ac omnis industriæ et litteraturæ studiosis, principibus maxime utilissimum pro cipharis lingua latina, græca, italica et quavis alia multiformiter describentibus interpretandisque. (En latin et en italien, in-8, 44 feuillets.) A la fin on lit : Impressum Romæ, anno MDXXVI. Au second feuillet, l'auteur se donne le nom de Jacques Silvestre, citoyen de Florence.

OZANAM (Jacques). *Récréations mathématiques et physiques*, 1778, 4 vol. in-8. On y trouve diverses méthodes de Sténographie.

PANCIROLLI (Guidonis) *Rerum memorabilium sive deperditarum commentarius*, 1660, in-4. Il parle des chiffres, pag. 262 et suiv.

Polizeischrift, geheime, des Grafen von Vergennes, 1793, in-8, 46 pag.

PORTA (J. B.). *De furtivis litterarum notis vulgo de ziferis libri quinque*, Neapoli, 1563, in-4. Autres éditions : Londres, 1591, in-4. — Montbelliard, 1593, in-8. — Naples, 1602, in-folio. — Strasbourg, 1603, in-8.

— *Magia naturalis*, Naples, 1558. — Anvers, 1561. — Naples, 1589. — Leyde, 1644 et 1651. Il est question, dans le livre XVI, de l'art de chiffrer.

PRASSE (M. de). *De reticulis cryptographicis*, Lipsiæ, 1799, in-4, 14 pag.

RAMSAY (C. A.). *Art d'écrire aussi vite qu'on parle*, Paris, 1783, in-12. L'original est en latin ; il parut dès 1678 et fut réimprimé avec une version française (par A. D. G.). Paris, 1681. Depuis cette dernière date, ce livre a été souvent réimprimé en France et à l'étranger, dans la fin du dix-septième siècle. Les anciennes éditions portaient pour titre : *Tacheographie ou l'Art d'écrire*, etc. On en connaît une traduction allemande, Leipzig, 1743, in-8.

Sarpe, *Prolegomena ad tachygraphiam romanam*, Rostock, 1829, in-4.

Schmidt (J. M.). *Vollstændiges wissenschaftliches Gedankenverzeichniss zum Behuf einer allgemeinen Schriftsprache*, Dillingen, 1807, in-8.

— *Grundsætze für eine allgemeine Schriftlehre*, 1816-1818, 2 vol. in-8.

Schott (Gaspard). *Schola steganographica in classes octo distributa*, Nuremberg, 1665, in-4 D'autres éditions de 1666 et de 1680 sont indiquées par les bibliographes.

— *Thaumaturgus physicus seu magia universalis naturæ et artis*, 1657-1659, 4 vol. in-4 ; 1677. On trouve, dans le quatrième volume de cet ouvrage curieux, des notions détaillées sur les divers moyens imaginés par les anciens et les modernes, pour se communiquer leurs pensées à l'aide de l'écriture secrète.

Seleni, Gustavi (id est, Augusti, ducis Brunsvicensis), *Cryptomenyticis et Cryptographiæ libri IX, in quibus et planissima Steganographiæ J. Trithemii enodatio traditur, inspersis ubique auctoris et aliorum non contemnendis inventis*, Luneburgi, 1624, in-folio.

Solbrit (Dav). *Ratio scribendi per zifras*, 1726, in-8.

— *Allgemeine Schrift oder Art durch Ziffern zu schreiben*, Coburg, 1736, in-8. C'est la traduction de l'ouvrage latin précédent.

Steganographia recens detecta, Ulm, 1764, in-8, 97 p. Malgré son titre latin, cet ouvrage est en allemand (semblable circonstance n'est pas rare pour d'anciens écrits publiés au delà du Rhin). L'auteur a gardé l'anonyme, mais il a signé la préface des lettres C. W. P.

STEIN (A.). *Ueber Schriftsprache und Pasigraphie*, München, 1809, in-8.

STIELER (C. von). *Deutsche Secretariatskunst*. Nuremberg, 1678, in-4 Voir tom. I, pag. 547-555.

STUBENRAUCH. *Histoire abrégée de la Cryptographie*. Il s'en trouve un extrait dans les Mémoires de l'Académie de Berlin, t. I, 1745, p. 105 et suiv.

TOD (Al.). *The olive-leafe or an universal A. B. C.*, London, 1603, in-8.

TRITHEMII (J.) *Polygraphiæ libri VI*, Oppenheim, 1518, in-folio. — Francof., 1550. — Colon., 1564. — Argent., 1600 et 1613. — Colon., 1671.

— *Steganographia*, Francof., 1606. — Darmst., 1606, Francof., 1608. — Darmst., 1621. — Colon., 1635.

— *La Polygraphie et universelle écriture de Trithème*, traduit du latin par Gabriel de Collange[1], Paris, 1561, 1621, 1625, in-8.

Voici les titres de deux ouvrages composés dans le but de défendre la mémoire de Trithème contre l'accusation de magie dirigée contre lui :

Stenographiæ nec non claviculæ Salomonis germani, J. Trithemii, genuina declaratio, auctore J. Caramuele, Colon., 1634, in-4.

J. TRITHEMII *Stenographia vindicata et illustrata*, auctore W. E. Heidel, Mayence, 1676, in-4. Une édition de Nuremberg, 1721, in-4, est citée.

UKEN (M.). *Steganometrographia, sive artificium*

[1] La triste destinée de Collange mérite qu'on en fasse mention. Il était valet de chambre de Charles IX, et, quoique catholique zélé, il fut une des victimes de la Saint-Barthélemi, succombant sans doute à quelques inimitiés personnelles.

novum et inauditum, Francof., 1751, in-8, 528 p. Il en existe une traduction allemande, Ulm, 1759.

URQUHART (Thomas). *Logopandecteision, or an introduction to the universal language*, London, 1653, in-4.

VATER (J. S.). *Pasigraphie und Antipasigraphie... ou sur la découverte récente d'une langue universelle pouvant servir à tous les peuples*, Leipzig, 1799, in-12, 268 pag.

WALLIS (J.). *Opera miscellanea*, Oxoniæ, 1699, in-folio. Dans son traité *De combinationibus et alternationibus*, ce célèbre mathématicien donne des exemples de déchiffrement, sans expliquer toutefois les méthodes dont il fait usage.

WILDVOGEL (Ch.). *Diss. de scripturis terribilibus*, Francof., 1719, in-4.

WILKINS (évêque de Chester). *Mercure ou le Messager secret et prompt où l'on montre comment on peut communiquer vite et sûrement ses pensées à un ami éloigné*, Londres, 1641, in-4. (L'ouvrage est en anglais.)

— *Essay towards a real character and a philosophical language*, Londres, 1668, in-folio. Un extrait de cet ouvrage, devenu fort rare, se trouve dans les *Transactions philosophiques*, n° 35.

WOLKE (C. H.). *Erklærung wie wechselseitige Gedankenmittheilungen aller cultivirten Vœlker des Erdkreises, oder die Pasiphrasie möglich und ausüblich sey, ohne Erlernung irgend einer neuen besondern, oder einer allgemeinen Wortschrift oder Zeichensprache*, Dessau, 1797.

FIN.

www.ingramcontent.com/pod-product-compliance
Lightning Source LLC
LaVergne TN
LVHW012204040326
832903LV00003B/106

* 9 7 8 1 0 1 8 4 3 9 4 2 6 *